KB268570

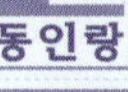

여행자여러분! 실제상황입니다

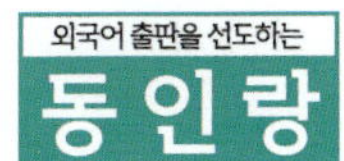

외국 여행의 파트너
(주)동인랑

밥은 제대로 먹을 수 있을까?

"길에서 갑자기 배가 살살 아프면 어쩌지?"
"길을 잃어버리면?"

낯선 이국땅으로의 여행 앞에서 떨쳐버릴 수 없는 불안감들…
그리고 그 끝에 붙는 통일된 수식어 하나,
"말도 안통하는데…"
사실 외국 여행을 하면서 말이 안 통할 걸 걱정할 필요는 없다.
보고 느끼고자 하는 열정만 있다면 그 어느 곳에서도 며칠간의 일정은
무사히 넘길 수 있다.
우리에겐 언어보다 훨씬 본능적인, 세계 어디서나 통하는 만국공통어
"바디랭귀지"가 있으니까.

하지만 여기에 간단한 대화가 해결이 된다면?
그 순간부터 단순히 보여지는 것만이 아닌, 숨겨진 보석을 찾아내는
여행이 될 것이다.

이 책을 손에 쥐게 되는 그 순간 진시황의 "만리장성"과 영화
「마지막황제」의 무대 "자금성"의 그 신비가 여러분의 눈앞에 펼쳐질
것이다. 신비의 땅 중국은 더 이상 멀리 있지 않다.
자, 이제 떠날 준비를 하자!

CONTENTS

PART1

1. 미리 알고 떠나는 후회없는 중국 여행

하나 여행 준비하기

1 여권 · 비자 12
2 화폐 · 환전 · 신용카드 15
3 항공권 17
4 기타 18

둘 중국은 이렇다

1 국기와 지형 · 인구와 언어 · 날씨 21
2 기본생활과 정보 22
3 전화 23

셋 앗, 큰일났다!

1 여권 · 비자 분실 26
2 항공권 · 신용카드 분실 28
3 병원 · 약국 30

넷 기억해서 쓰는 간단회화 31

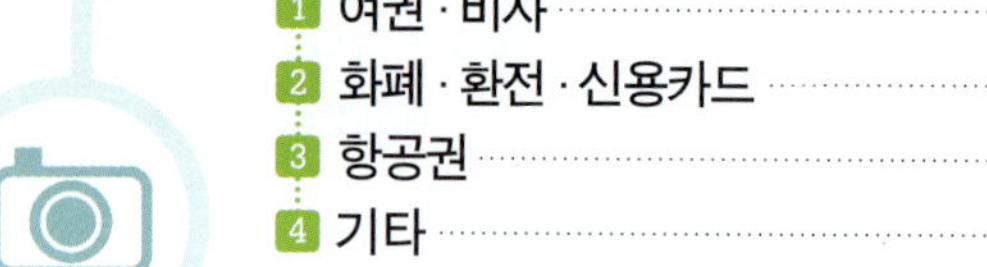

PART2

2. 여행중에 겪게되는 상황별 회화

하나 출국
1 출국하기 ·········· 36
2 기내에서 ·········· 44

둘 입국
1 입국심사 ·········· 54
2 통관 ·········· 58
3 환전 ·········· 62
4 시내가기 ·········· 64

셋 교통
1 길묻기 ·········· 74
2 버스 ·········· 80
3 택시 ·········· 86
4 자전거 ·········· 92
5 기차 ·········· 96
6 비행기 ·········· 104

넷 호텔
1 체크인 ·········· 116
2 시설이용 ·········· 122
3 룸서비스 ·········· 128
4 체크아웃 ·········· 133

다섯 식사

1 식사 144
2 메뉴 152
3 계산 158
4 패스트푸드 161

여섯 쇼핑

1 쇼핑 176
2 옷 184
3 기타 190

일곱 여흥

1 오락 206
2 운동 212
3 공연관람 216
4 기타 220

여덟 긴급

1 분실 · 도난 232
2 전화 · 우체국 236
3 질병 244

아홉 귀국

1 귀국 262
2 입국 266

부록 필수 한 · 중단어 267

1 미리 알고 떠나는 후회없는 중국 여행

하나. 여행 준비하기

 1. 여권 · 비자

여권

중국으로 여행을 가려면 가장 먼저 여권(Passport : 패스포트)과 비자(Visa)를 준비하자.

▶ **서울** - 외무부 여권과와 종로, 영등포, 노원, 강남, 동대문, 서초 구청의 민원여권과에서 발급합니다.
▶ **지방** - 각 시 · 도의 시청 · 도청에서 쉽게 만들 수 있어요.

여권은 정부가 자국민에게 외국에 나가 여행이나 사무 등을 볼 수 있도록 신분을 나타내 주는 일종의 증명서로, 비자를 받기 위해서는 여권이 반드시 필요하다.

여권을 발급 받는 기간은 보통 신청일 포함해 2~3일 정도이며, 신원조회에 문제가 있을 경우 1주일 정도 걸린다.

여권 발급시 준비할 서류

▶ 여권발급 신청서 1부(여권과 내에 비치)
▶ 최근 6개월 이내의 여권용 사진(칼라) 3매
▶ 주민등록증

여권의 종류	기간 / 여행 횟수	수수료
단수여권	1년 / 1회	15,200원
복수여권	5년 / 자유	45,200원

▶ 수수료는 각 지자체마다 조금씩 다름

여권

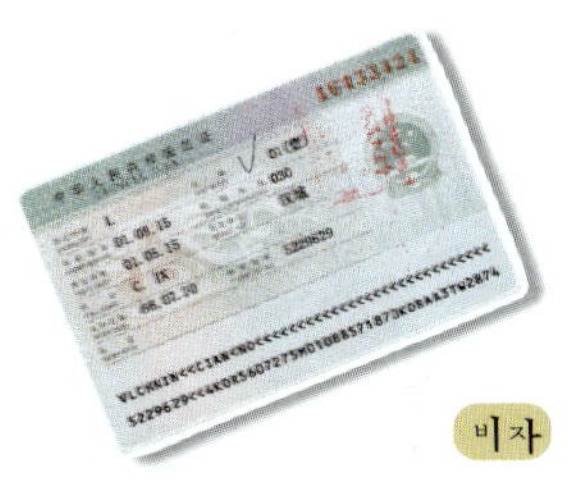

비자

 비자(VISA)

중국에서 입국허가를 공식적인 문서로 허용하는 것으로, 중국의 대사관이나 영사부에서 발행해 주는 입국 추천증이다. 비자발급은 서울, 부산의 중국 대사관 영사부에서 하며, 중국을 여행할 때는 관광비자를 받으면 된다. 그리고 5인 이상이 단체로 여행할 때는 여행 단체 비자를 받아도 된다. 중국으로 여행 갈 계획이 생기면 미리 받아 두도록 하자.

주한 중국대사관 영사부

서 울
☎ 02-775-1589 / 771-5043
www.china.kofa.org

부 산
☎ 051-441-8748 / 467-9689
✉ 부산광역시 동구 초량 2동 207-1

✉ 서울특별시 중구 명동 2가 83번지

매주 월요일~금요일 오전 9:00~11:45

비자신청은 10시 30분 이후는, 여행사 신청시간 이며 개인 신청·접수는 안한다.

▶ **보통건**　접수일로부터 4일째 되는 날 오전 9:00~11:45
　　　　　　(토, 일, 공휴일 제외)

▶ **B급행건**　접수일로부터 2일째 되는 날 오전 9:00~11:45
　　　　　　(토, 일, 공휴일 제외)

비자 발급시 준비할 서류

관광비자 … 유효기간 3개월, 체류기간30일

- 여권
- 비자 발급 신청서(영사관 내 비치)
- 사진1매(여권용 사진, 최근 3개원 이내 촬영한 칼라사진)
- 주민등록증 사본1매
  (가족외 대리신청 못함. 가족인 경우 호적등본을 제출)

여행단체비자 … 5인 이상이 단체로 중국 여행하는 경우

- 중국정부에서 비자위임 권한을 받은 관광기관의 초청장
  (비준 번호가 있어야 함)
- 단체일정표(단체 No가 명시되어 있어야 함)
- 여권 복사본
- 단체 명단 3부(별도 양식 있슴)

비자요금 … 변동이 있으므로 문의 요망

주의사항

- 대사관 사정에 따라 공휴일이 아님에도 영사부 업무를 하지 않을 수도 있으니, 영사부에 공지된 안내사항을 유의하도록 하자.

2. 화폐 · 환전 · 신용카드

 ## 화폐

통화단위는 위엔(元 · ¥)이며, 보조통화로 쟈오(角), 펀(分)이 있다. 그러나 일상 회화에서는 콰이(元 · ¥), 마오(角)라고 한다.
중국에서 현재 사용하는 화폐는 인민폐(RMB)로, 100元, 50元, 10元, 5元, 1元, 5角, 2角, 1角, 5分, 2分, 1分 등 12가지가 있다.
이 중에서 동전은 1元, 5角, 1角, 5分, 2分, 1分 이며 현재 分은 거의 사용되지 않는다.
1元, 1角, 5角은 지폐와 동전이 혼용되어 쓰이고 있다.

$$1元 = 10角 = 100分$$

100 ¥

10 ¥

1 ¥

0.2 ¥

0.1 ¥

 1 ¥

 0.5 ¥

 0.1 ¥

02 환전

■ 우리 나라에서의 환전

1994년 4월 이전까지는 우리 나라에서 중국의 인민폐를 직접 교환할 수 없었는데, 이후부터는 우리 나라의 외환은행 및 기타은행 본점

공항 환전소

에서도 한화와 인민폐와의 직접 교환이 가능해졌다.

여권을 가지고 가면 영업시간 중 언제나 교환이 가능하다.

또한 인천 국제 공항에 있는 조흥은행 · 신한은행 · 외환은행 등에서는 아침 7시부터 밤 9시까지 연중무휴로 환전할 수 있다.

알아두어야 할 점은 우리 나라의 외국환 취급 은행에서는 100元권 지폐만을 교환해 주고 있기 때문에, 만약 소액지폐가 많이 필요한 경우에는 미리 부탁해 두는 것이 좋다.

여행객 입국시 중국인은 인민폐나 여행자 수표, 신용카드 금액의 제한이 없으나 비중국인의 경우 1만달러 이상 현금 소지자는 반드시 신고해야 한다.

■ 중국에서의 환전

출국하기 전에 우리 나라 화폐를 인민폐나 달러, T/C로 미리 바꿔가는 것이 좋으나, 꼭 중국내에서 환전을 해야할 경우는 공항에 있는 중국은행 출장소나 중국은행 각 지점으로 가도록 하자.

중국은행의 영업시간은 09:30 ~ 12:00까지, 14:00 ~ 16:00까지 이고, 토요일은 쉬는 경우가 많으며, 일요일 · 경축일은 휴무이다.

호텔이나 대도시의 외국인 상대 쇼핑센터나 우의상점 등에서도 환전이 가능한데, 이때는 그 날의 정식 환율이 적용된다.

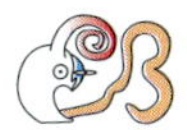 ## 신용카드

현재 중국에서도 신용 카드의 사용이 증가하고 있어, 베이징이나 상하이 광쩌우 등 이른바 외국인들이 많이 찾는 대도시에서는 호텔뿐만 아니라 쇼핑센터, 음식점 등에서 사용이 가능하지만, 지방의 작은 도시에서는 아직까지는 호텔이라 하더라도 카드의 사용이 불가능한 곳도 많다.

우리 나라에서 쓰는 비자(Visa), 마스터(Master), 아메리칸 익스프레스(American Express), 다이너스 클럽(Diners Club) 등 대부분의 카드를 사용할 수 있으나 반드시 International(국제용)이라고 씌어 있는 신용카드여야만 한다. 간혹 국내용 카드를 가지고 가서 쓰지 못하는 경우가 있으므로 주의하자.

3. 항공권

우리 나라와 중국사이에는 정기노선이 운항되고 있다. 편도보다는 왕복이, 중국보다는 우리 나라에서 구입하는 것이 저렴하다.

할인항공권은, 원래 단체객들을 위한 패키지형 항공권으로, 한번 구입하면 교환, 변경이 불가능하지만 일반 항공권보다 저렴하다.

한중 노선 취항 항공사

대한 항공	아시아나 항공	중국국제 항공	북방 항공	남방 항공	동방 항공	서남 항공
· KE	· OZ	· CA	· CJ	· CZ	· MU	· SZ
따한항공	한야항공	중꿔궈지항공	베이팡항공	난팡항공	똥팡항공	시난항공

4. 기타

열차이용

넓고 넓은 중국을 여행하는 데는 도시와 도시를 이동하는 수단으로 비행기를 이용하는 것이 가장 능률적이나 베이징(北京), 샹하이(上海) 등의 주요도시를 제외하면 일주일에 1～2편인 곳이 많다. 그러므로 이 때에는 철도를 이용하는 것이 바람직하다.

중국의 철도는 총 길이가 약 5만2천km로서 지구를 일주하고도 남는 거대한 철도망을 형성하고 있다. 비록 소요시간은 비행기보다 늦지만, 장거리 여행에서는 숙소로도 이용할 수 있어, 넓은 중국을 이동하는 수단으로 중요한 역할을 하고 있다.

중국여행을 하면서, 중국인들과 친밀한 교류를 하고 싶거나 살아있는 중국을 느끼고 싶다면, 그리고 저렴한 가격으로 여행하고 싶다면, 중국 기차를 타보자.

기차 플랫홈

■ 기차표 사기

중국의 기차매표소 창구에는 표를 구입하려는 사람들로 항상 장사진을 이룬다. 각 역의 매표소 창구는 좌석 종류별로 창구가 구분되어 있다. P19 참조

루완워(부두러운 침대좌석)와 루완쭈어(편안하며 깨끗한 지정석)는 대개의 역에 전용창구가 있다. 표 판매시각은 창구에 표시되어 있으므로 사전에 확인해 두는 것이 좋다.

그외의 잉쭈어(우리나라의 비둘기호에

베이징역 매표소

해당하는 좌석)와 잉워(6인 1실기준의 딱딱한 침대좌석)는 특히 중국인의 이용이 많으므로 외국인이 이 표를 사기란 매우 어렵다.

특히 중국어를 하지 못하거나 외국인 특유의 옷차림을 한 경우는 표를 구하기가 정말 힘들다.

표를 살 때는 말로 하기보다는 종이에 써서 창구에 내보이는 것이 좋다. 종이에 열차번호, 행선지, 좌석의 종류, 구입매수, 날짜 등을 기입해서 건네주면 표를 구하기가 수월하다.

■ 좌석의 종류

루완워	부드러운 침대로 열차의 여러 가지 좌석 중에서 가장 비싸다. 4인 1실의 구조이며 개인용품이 준비되어 있다.
잉워	얇은 매트리스로 된 딱딱한 침대에 얇은 시트가 깔려 있는 정도로 6인 1실 기준이다. 복도 쪽으로의 칸막이나 문이 없어 옆방과 대화가 가능하다.
루완쭈어	중거리 이동열차로 좌석이 비교적 편안하며 깨끗한 편이다. 지정석이며 4개의 좌석이 가운데 작은 테이블을 향해 마주보고 있어 차를 마시며 비교적 편안하게 여행할 수 있다.
잉쭈어	우리 나라의 비둘기호에 해당하는 좌석으로 가장 요금이 싸며 중국인들이 주로 이용하는 것으로 별로 쾌적하지 않을 뿐만 아니라 시끄럽고 복잡하다.

숙박

숙박시설은 판띠엔(饭店), 지우띠엔(酒店), 삔관(宾馆), 뤼관(旅馆), 뤼서(旅社), 쨔오따이쒀(招待所) 등으로 나누어지는데, 중국은 정책적으로 외국인들이 사용할 수 있는 숙박시설을 우리의 관광호텔 수준인 판띠엔(饭店), 지우띠엔(酒店), 삔관(宾馆) 등으로 제한하고 있다. 이외에 저렴한 비용으로 이용할 수 있는 소규모의 뤼관(旅馆), 뤼서(旅社), 쨔오따이쒀(招待所)는 중국인에 한해서만 개방하고 있다.

성급 이상의 고급 호텔이나 여러 나라에 체인을 두고 있는 호텔, 그리고 고급호텔 등은 한국에서도 예약이 가능하다. 단체여행이면 걱정할 것이 없지만 개인 여행일 경우 미리 예약을 확실히 하는 것이 좋다. 중급 이하의 호텔에서는 예약 제도가 불확실해서 전화상으로 예약을 했더라도 실제로 호텔에 도착해서 알아보면 예약이 제대로 되지 않는 경우가 있기 때문이다.

체크인은 정오가 지난 때이면 언제든지 가능하며, 프런트인 종푸우타이(总服务台)에서 한다. 이곳에서 외국인임시숙박표(外国人临时住宿登记表)에 여권번호, 비자번호, 성명 등을 기입한다. 체크아웃은 12:00까지 해야 되며, 이 시간을 넘기면 반나절요금이 추가된다. 프런트에 키를 반납한 후 숙박비 외에 전화사용료, 냉장고 안의 미니바 사용료, 서비스 요금 등을 계산하면 체크아웃은 끝난다.

1. 국기와 지형·인구와 언어·날씨

국기와 지형

중국의 공식 국가명은 중화인민공화국(People's Republic of China)이다. 국기는 오성홍기(五星红旗)로 큰 별은 중국 공산당을 상징하며, 작은 네 개의 별은 각 노동자, 농민, 소 브르조아, 민족 브르조아를 상징한다. 면적은 959.7만㎢ 로 한반도의 약 43배 정도인데, 한국, 러시아, 인도, 아프카니스탄, 카자흐스탄, 파키스탄, 네팔, 부탄, 미얀마, 베트남, 몽골 등, 13개 나라와 국경을 맞대고 있으며, 그 길이는 2만여 km에 이른다. 또한 중국에서 가장 긴 양자강의 길이는 약 6300km로 중국대륙을 유유히 흐르고 있다.

인구와 언어

인구는 12억 정도로 세계인구의 약 1/5을 차지하며, 언어는 중국어를 사용한다. 워낙 땅이 넓어 같은 중국어라도 지역에 따라 약간씩 다르며 베이징어(만다린어)를 표준어로 사용하고 있으나, 소수민족 보호정책에 의해 중국내 소수민족도 고유의 언어와

샹하이

문자를 중국어와 병행한다. 수도는 베이징(北京)이고, 주요 도시로는 티엔진(天津), 샹하이(上海), 선양(沈阳), 난징(南京), 꽝조우(广州), 총칭(重庆) 등이 있다.

🐌 날씨

워낙, 땅이 넓기 때문에 지역에 따라 날씨도 천차만별이다.

먼저, 수도인 베이징은 서울과 대체로 비슷한 편이나, 겨울은 서울보다 춥고 여름은 상당히 더운 편이다.

상하이는 대체로 온난 다습하고, 백두산은 6월초에서 9월중순경 까지만 등반이 가능하다.

따라서 가고자 하는 지역의 기후를 반드시 알아두어 거기에 맞는 의복을 준비하도록 하자.

특히, 3월~5월 사이의 중국은 황사현상으로 여행시 기관지와 눈병에 특히 주의를 해야한다.

난징

꾸이린

2. 기본생활과 정보

🐌 지켜야 할 것

중국은 우리와는 체제가 다른 공산주의 국가이다. 그러므로 지켜야 할 것은 반드시 지켜야한다.

사진 촬영이 금지된 곳에서는 절대 촬영을 하지 말아야 하며, 술에 취하여 저지르는 실수도 중국에서는 용인되지 않는 경우가 많으므로 주의하자. 그리고, 중국의 식수는 비교적 양호하지 못하므로 반드시 생수나 뜨거운 차를 먹도록 하고 수도에서 나오는 물은 바로 먹지 않도록 한다. 또한, 주요관광 지역은 사찰과 고궁이 많음으로 이 지역에 금연(禁烟) 표시가 붙어 있는 곳에서 반드시 담배를 피지 않도록 한다.

 ## 전기

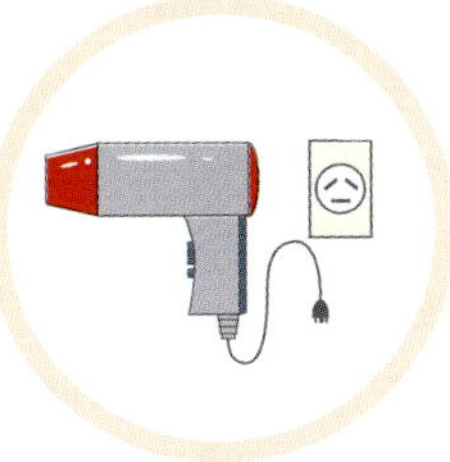

전기는 대체로 220V지만, 우리나라와 달리 콘센트가 네모진 것이 대부분이다. 세모꼴인 것도 있다.

쇼핑정보

공항 이외의 면세점은 없으며, 외국인 전용의 여행상점이 있다. 중국의 주요 상품은 서적, 한약, 그림, 골동품, 토산품 등이며 가짜 상품에 주의하고, 무명상점 이용은 삼가는 것이 안전하다. 대부분의 호텔상품의 경우 품질은 믿을 수 있으나 가격은 다소 비싼 편이다.

3. 전화

중국에서는 아직까지 통신시설이 많이 낙후되어 있어 전화를 사용하기가 쉽지 않다. 얼마 전 까지만 해도 중국내 일반 가정의 전화 보급률은 낮은편이다. 공중전화 역시 번화가에서만 찾아볼 수 있고 그 외의 지방도시나 변두리에서는 아직도 공중전화를 찾아보기 힘들다.

 ## 통신시설

국제전화 요금은 한국에 비하여 70%정도 사용요금이 비싸며, 통신시설이 그다지 발달되어 있는 편이 아니다.

주요 관광지에 있는 호텔은 객실에서 IDD 직통전화(direct call)의 사용이 가능하다. 또한, 시내 발신 고유번호 (통상적으로 9번)를 누른후 108-828 또는 108-821을 누르면 데이콤, 한국통신의 교환원이 연결되어 한국어로 수신자부담전화(collect call)를 걸 수 있다.

또한, 요즘에는 베이징·상하이를 비롯한 대도시에서 동전이나 카드를 사용하는 공중전화가 조금씩 증가하는 추세이다.

카드 공중전화는 현재 IC카드와 IP카드를 판매하고 있다. IC카드는 우리 나라의 공중전화카드와 동일한 방식으로 사용할 수 있으며, IP카드는 카드번호와 비밀번호로 통화할 수 있다. IP카드는 우선 비밀번호를 벗겨낸 후 연결전화번호를 누른 뒤, 안내방송에 따라 카드번호와 비밀번호, 그리고 상대방 전화번호를 누르면 통화할 수 있다. 그러나 지방도시의 초대소, 규모가 작은 호텔 등에서는 직접 거는 것은 어렵고 프런트에 신청해야 이용할 수 있다.

02 국제전화 하기

1 서울의 123-4567번으로 걸 때(지역번호에서 0을 뺌)

2 핸드폰(011, 017)이나 PCS폰(016, 018, 019)의 123-4567번으로 걸 때(숫자 0을 뺌)

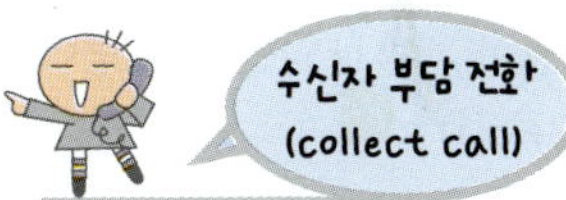

호텔에서는 발신고유번호(예:9번)를 누른 후에, 공중전화에서는 기본요금을 넣은 후, 신호음이 들리면, 108-821(한국통신), 108-828(데이콤), 108-827(온세통신)을 누르면, 한국의 교환원(오퍼레이터 : operator)이 나온다. 전화에서는 통화 후 동전이 다시 나온다.

공중전화 카드

중국의 PC방은 우리나라 PC방과 마찬가지로 대부분 게임이나 인터넷을 이용하는 사람들이 많지요. 인터넷은 아직 속도가 빠르지 않지만 대도시의 대학가 근처에서는 PC방을 자주 볼 수 있는데, 한국 유학생들이 많은 대학가의 PC방에서는 한글 윈도우가 설치되어 있기도 하답니다. 비용은 한국과 마찬가지로 시간제로 계산됩니다.

1. 여권·비자 분실

중국 여행 중 여권을 분실한 경우에는 중국대사관 영사부 또는 관할 총영사관에 신고를 해야한다. 중국에서 우리 나라의 여권은 위·변조되어 범죄·기타 불법행위에 악용될 소지가 많으므로 특히 잃어버리지 않도록 주의하자. 그리고 여권이 재발급되면 다시 공안국 출입경관리국에 가서 출국 비자를 받도록 한다.

▶ 재중국 한국대사관

✉ 三里屯 东四街 九号

쌘리툰 뚱쓰지에 지우하오

☎ (86-10) 6532-0290   ☎ 긴급 (86-10) 6532-0290(ext.321)

🏠 www.koreaemb.org.cn

⏰ 3～10월 : 09:00 ～18:00(점심 12:00 ～13:30)

　 11～2월 : 09:00 ～17:00(점심 12:00 ～13:30)

　 토,일요일 휴무

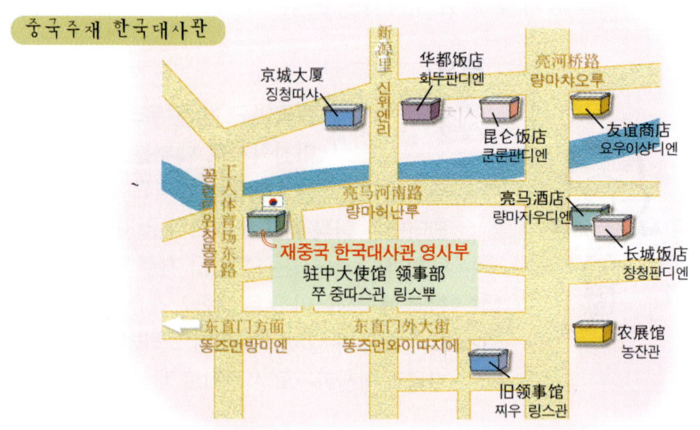

▶ 재중국 한국대사관 영사부

✉ 东直门外大街 亮马河南路 14号
塔园外交办公大楼(旧外汇免税商店)
똥즈먼와이따지에 량마허난루 스쓰하오
타위엔와이쟈오빤공따로우(찌우 와이후이미엔수이샹디엔)

☎ (86-10) 6532-6774/5   ☎ 긴급 (86-10) 6532-6773

📱 사건 사고용 핸드폰 (86-10)139-0105-4216

🏠 www.koreaemb.org.cn

⏰ 3~10월 : 09:00 ~ 18:00(점심 12:00 ~ 14:00)
11~2월 : 09:00 ~ 17:00(점심 12:00 ~ 14:00)
토,일요일 공휴일 휴무

주재국 공휴일
元旦(1.1…2일간), 春节(음력 1.1), 노동절(5.1…1주일간),
국경일(10.1-1주일간)

우리나라 공휴일
3.1절(3.1), 제헌절(7.17), 광복절(8.15), 개천절(10.3)

🚩 관할지역 : 주칭따오, 샹강, 샹하이총영사관 및 선양영사사
무소의 관할지역을 제외한 중국지역

▶ 여권 분실시 필요한 서류

▌ 임시여권발급신청서(분실 경위서 작성)
▌ 사진 4매
▌ 여권사본, 신분증 등 기타 증빙서류
▌ 수수료(여행증명서의 경우 250元)

▶ 분실신고 절차

❶ 영사관에 접수후, 분실여권말소증명 및 재외국민확인서를 교
부받아 숙소증명과 파출소발행의 분실증명서를 가지고 공안국

(北京市 公安局 外国人出入境管理处 ☎ 8401-5282)에 가서
분실신고를 하고 분실증명을 발급받는다. (보통 1 ~ 2주 소요)
❷ 영사관으로 가서 담당영사 면담신청을 한 후, 여행증명서 또는
여권을 발급받는다.
❸ 공안국 출입국관리국에 가서 출국비자를 받는다.

대사관	6532-0290(베이징)
문화원	6493-4270(베이징)
베이징 총영사관	6532-6773~4
주 샹강총영사관	(00852)2529-4141
주 상하이총영사관	(021)6219-6417~20
주 칭따오총영사관	(0532)288-8900~1
주 션양영사사무소	(024)2385-7820

2. 항공권·신용카드 분실

귀국항공권이나 신용카드 등을 잃어버렸을 경우 즉시 해당항공사
나 신용카드사로 연락하도록 한다. 만약을 대비해 항공권의 편명, 항
공날짜, 발권일 등이나 신용카드번호 등을 적어 두도록 하자.

카드 분실 신고(서울)

BC카드	☎ (02)-520-4515
외환카드	☎ (02)-524-8282
LG카드	☎ (02)1544-7200
국민카드	☎ (02)3700-2000
삼성카드	☎ (02)2172-5000

서울

항공사(베이징)

대한항공	☎ 6505-0088	중국남방항공	☎ 6601-7755 #2142
아시아나	☎ 6468-4000	중국동방항공	☎ 6602-4075 #4075
중국국제항공	☎ 6601-3336	중국북방항공	☎ 6601-7755 #2144
중국서북항공	☎ 6601-7755 #2141		

▶ 유용한 전화(베이징)

- 영사관 사건사고   ☎ 139-0105-4216
- 베이징시공안국   ☎ 6512-8871
- 베이징시공안국 외국인관리처   ☎ 6404-7799
- 외국인 전용불편신고   ☎ 6522-5486
- 베이징수도국제공항   ☎ 2580
- 전화번호문의   ☎ 114
- 국내 장거리전화   ☎ 113
- 국제전화안내   ☎ 115

▶ 베이징내 한인단체

- 한국상회   ☎ 6464-3481
- 재중국한국인회   ☎ 6466-3666
- 재중국한국상회   ☎ 6464-3481
- 베이징한국국제학교   ☎ 6431-1388

1

▶ 한국 수신자부담 전화

- 한국통신 　　　☎ 108 - 821
- 온세통신 　　　☎ 108 - 827
- 데이콤 　　　　☎ 108 - 828(교환원연결) / 108 - 826(자동연결)

3. 병원·약국

　여행을 가서 아프지 않도록 주의해야 하며, 감기약, 소화제, 해열제, 파스 등의 간단한 구급약은 우리 나라에서 가져가도록 하자. 사고나 심하게 아플 경우, 약국이나 병원에 가도록 하고 심하게 아파 병원에 갈 수 없을 경우는 호텔 프런트에 부탁해 의사나 구급차를 부르도록 한다.

공안(경찰)	화재신고	구급차	교통사고신고
110	**119**	**120**	**112**

▶ 한인회 등록 병원 연락처(베이징)

- 한중종합클리닉 　　　☎ 6496-2731
- 베이징어언대학병원 　☎ 8230-2934
- 관광의료보건센터 　　☎ 6407-6090
- 광명종합의원 　　　　☎ 6499-4086
- AEA 　　　　　　　　☎ 6464-9199
- 성건의원 　　　　　　☎ 6232-2859
- 중일우호병원 　　　　☎ 6422-1122
- 한방크리닉 　　　　　☎ 6495-1758
- 협화의원 　　　　　　☎ 6512-7733

넷. 기억해서 쓰는 간단 회화

아무리 중국어를 못해도 이 정도는 꼭 해야한다.
비행기 안에서 한 번 연습해보자!

인사

안녕하세요!	니 하오 你好!
안녕하십니까?	니 하오 마 你好吗?
안녕하세요!(아침)	자오안 자오샹 하오 早安! 早上好!
안녕하세요!(저녁)	완샹 하오 晚上好!
안녕히 주무세요!	완안 晚安!
안녕히 가세요!	짜이 지엔 再见!
처음 뵙겠습니다.	추츠 지엔미엔 初次见面!
뵙게 되어 반갑습니다.	런스 니 헌 까오싱 认识你很高兴。

31

예./아니오.	스/부 스 是。/ 不是。
맞습니다./틀립니다.	뚜이/부 뚜이 对。/ 不对。
좋습니다./좋지 않습니다.	하오/뿌 하오 好。/ 不好。
있습니다./없습니다.	요우/메이 요 有。/ 没有。
알겠습니다.	워 쯔다오 러 我知道了。
잘 모르겠습니다.	워 부 타이 칭추 我不太清楚。
미안합니다.	뚜이부치 对不起。
부끄럽습니다.	뿌하오이쓰 不好意思。
고맙습니다.	셰셰 谢谢!
수고하셨습니다.	신쿠러 辛苦了。
죄송합니다.	헌 빠오치엔 很抱歉。
괜찮습니다.	메이꽌시 没关系。
번거롭게 해 드렸습니다.	게이 니 티엔 마판 러 给你添麻烦了。

나 / 저	워 我
너 / 당신	니 / 닌 你 / 您
그 남자	타 他
그녀	타 她
말씀 좀 묻겠습니다.	칭 원 请问～。
여보세요. (여종업원)	샤오지에 小姐
여보세요. (남종업원)	시엔셩 先生
여보세요. (전화)	웨이 喂

장소·교통

~은 어디입니까?	~짜이 날 ～在哪儿?
~에 어떻게 갑니까?	~전머 조우 ～怎么走?
어디에서 갈아탑니까?	짜이 날 환처 在哪儿换车?
몇 번 버스를 타야 합니까?	야오 쭈어 지 루 처 要坐几路车?
길을 잃었습니다.	워 미루 러 我迷路了。
화장실은 어디입니까?	처소어 짜이 날 厕所在哪儿?
여기서 멉니까?	리 쩔 위엔 마 离这儿远吗?

가격

얼마입니까?
뚸샤오치엔
多少钱?

모두 얼마입니까?
이공 뚸샤오치엔
一共多少钱?

비쌉니다.
타이 꾸이 러
太贵了。

싸군요.
헌 피엔이
很便宜。

더 싼 것은 없습니까?
요 메이요 껑 피엔이 더
有没有更便宜的?

~를 보여 주십시오.
게이 워 칸
给我看～。

좀 싸게 해 주세요.
피엔이덜 바
便宜点儿吧。

이걸로 주십시오.
게이 워 쩌 거
给我这个。

영수증을 주십시오.
게이 워 파퍄오
给我发票。

음식

이것/저것
쩌거/나거
这个 / 那个

배부릅니다./배고픕니다.
츠빠오 러/워 으어
吃饱了。/ 我饿。

맛있습니다./맛없습니다.
하오 츠/뿌 하오 츠
好吃。/ 不好吃。

한 그릇 더 주세요.
짜이 게이 워 이 완
再给我一碗。

너무 맵습니다.
타이 라
太辣。

너무 많습니다.
타이 뛰
太多。

2 여행 중에 겪게 되는 상황별 회화

여행 중에 겪게 되는 상황별 회화

하나. 출국

1. 출국하기

우리 나라와 중국과는 한중 정기 노선이 있으며, 대한항공, 아시아나항공, 중국민항 등의 비행사를 이용할 수 있다.

 **인천 국제공항 가는 길**

서울 시내에서 인천 국제 공항 까지는 전용고속도로(40.2km)에 의해 약 1시간 정도에 연결된다.

6~8차선의 신공항고속도가 건설되어 있으며 방화대교 북단을 기점으로 강변북로와 올림픽 대로에서 연결되며, 서울 외곽 순환도로(김포·일산방향)에서도 연결된다.

고속도로를 이용할 때는 고속도로 이용요금을 내야한다.

고속도로 이용 요금표			
	경차	소형차	중형차	대형차
신공항	4,900	6,100	10,400	13,500
북인천	2,400	3,000	5,100	6,500

❶ 대중교통

서울에서 인천 국제 공항까지 직행좌석, 고급 리무진이 운행된다. 김포공항을 운행하던 노선들이 연장된 노선과 직통으로 연결되는 신설노선이 있다. 기존의 기점이던 워커힐(동서울), KAL빌딩(시청), 남산, 강남터미널에서 출발하는 리무진 4개 노선은 김포공항을 경유하지 않고 직접 인천 국제 공항으로 간다.

서울의 강남이나 김포공항의 도심공항터미널을 이용하면 출국수속을 빠르게 받을 수 있으며, 공항까지 직통으로 연결되는 버스를 이용할 수 있다. 또한 공항 이용료 할인혜택도 있다.

❷ 카페리 운항

월미도·율도에서 여객터미널까지 승용차·버스 등을 이용할 수 있으며, 율도 선착장이나 월미도에서 여객선 이용이 가능하다.

카 페리 운항

월미도 · 율도 ↔ 여객터미널 승용차 · 버스 이용	월미도 · 율도→영종도 부두→ 해안도로 → 신불IC→ 여객터미널
율도 선착장 ↔ 영종 선착장 대보해운	매일 05:00∼22:00까지 15분 간격
월미도 ↔ 영종 선착장 용주해운	매일 05:30∼21:30까지 20-30분 간격

02 출국 수속 하기

공항에는 1시간 30분 ~ 2시간 전에는 도착하도록 하고 3층 출발층의 해당 항공사에 가서 티켓팅을 한다. 공항 이용권(25,000원)을 은행이나 판매처에서 구입하고 출국심사장으로 들어가 보안검색과 출국심사를 받도록 한다. 출국심사를 받고 보딩시간(탑승시간)까지 여유가 있으면 면세점을 이용해도 괜찮다.

보안검색

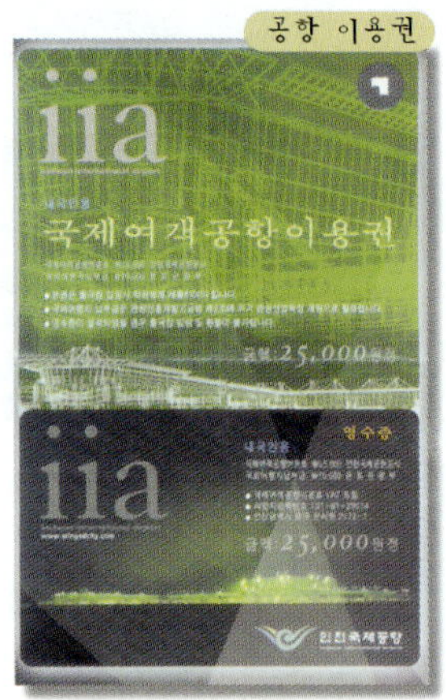
공항 이용권

■ 출국수속(티켓팅)

귀국할 때 중국에서 구입해 온 것으로 간주되어 과세를 받게 될 우려가 있는 물건을 우리 나라에서 가지고 출국할 경우 「여행자 휴대품 신고서」를 작성하여 미리 확인서를 받아 두는 것이 좋다. 주로 고급 외제 카메라, 고급 시계, 반지, 팔찌 등이 해당된다.

■ 현명한 면세점 이용

면세점은 말 그대로 우리 나라에 들어오는 외국물품을 세금을 부과하기 전의 금액으로 물건을 살 수 있는 곳으로, 공항 외에 시중에도 몇 군데가 있다. (롯데면세점, 신라면세점, 동화면세점) 공항 외의 면세점은 할인행사기간을 많이 갖고 있기 때문에, 공항 면세점보다 싸게 물건을 구입할 수도 있다.

인천공항내 면세품 교환처

이곳은 여권과 비행기 티켓이 있어야만 물건을 구입할 수 있는데, 그 자리에서 바로 받을 수 있는 것이 아니라 중국으로 떠나는 날 출국심사를 마치고 들어간 공항내의 면세점에서 받을 수 있는 것이다. 그래서 공항내 면세점에는 면세점별로 물건 교환처가 마련되어 있다.

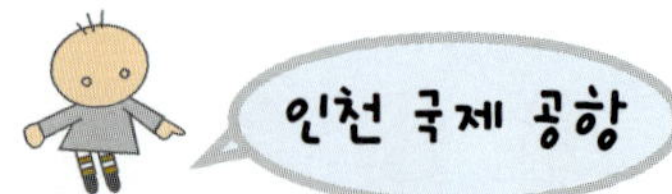

DF	면세점	약국		국내선	
식음료		서점		보관소	
항공사		귀빈실		경계선	
환전		흡연실		①~50 탑승구 번호	

여객 터미널 3층 조감도

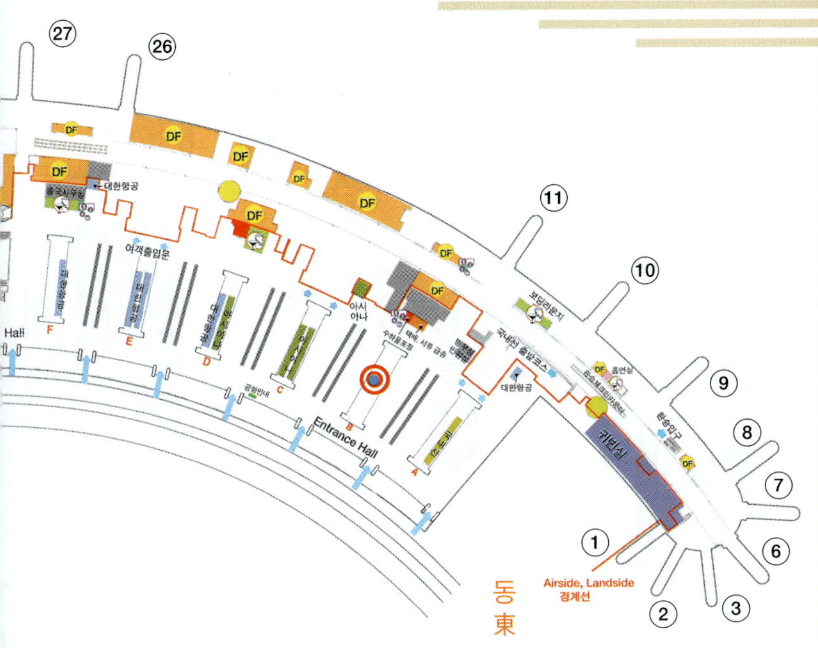

대한항공(KE)	D, E, F	중국국제항공(CA)	G
아시아나(OZ)	C, D	중국북방항공(CJ)	G
중국서북항공(WH)	D	중국서남항공(SZ)	G
중국남방항공(CZ)	D	중국동방항공(MU)	H

◎ 여행사 만남의 장소 카운터　　B, L

비행기 내부

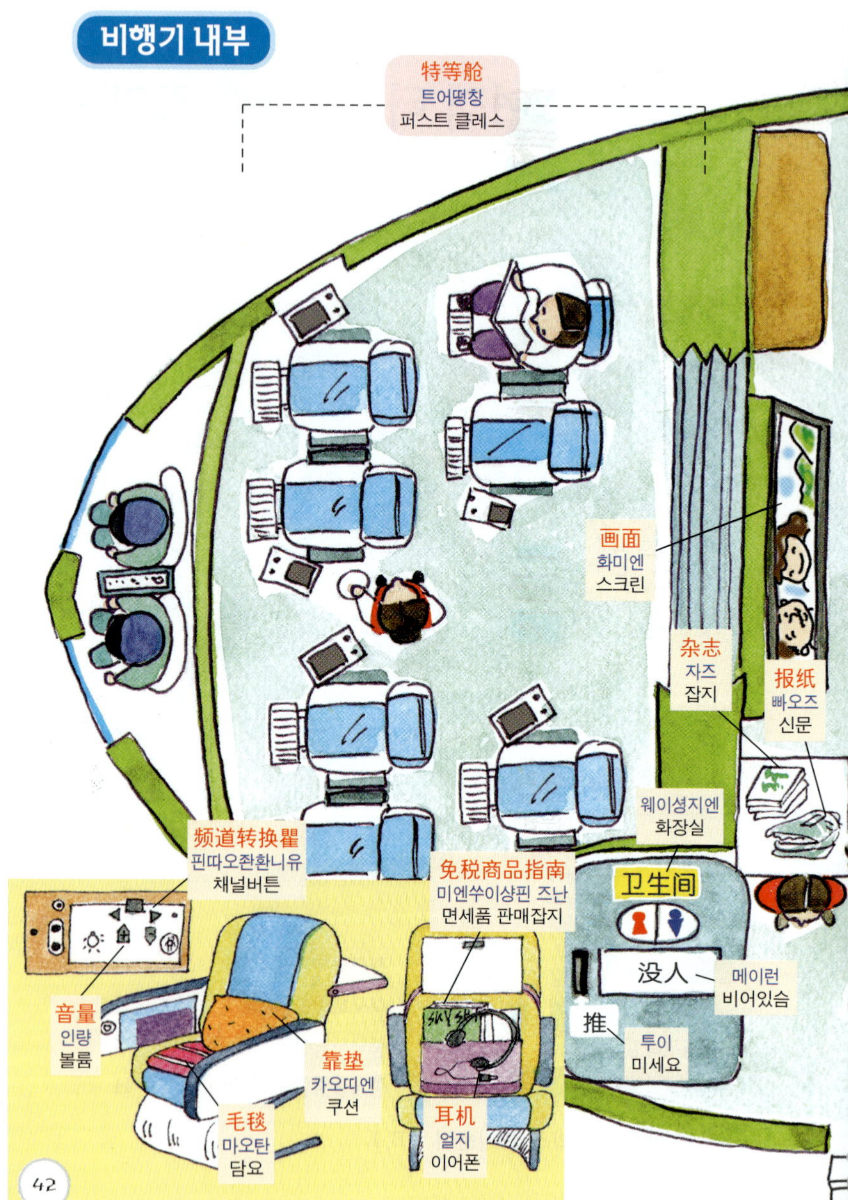

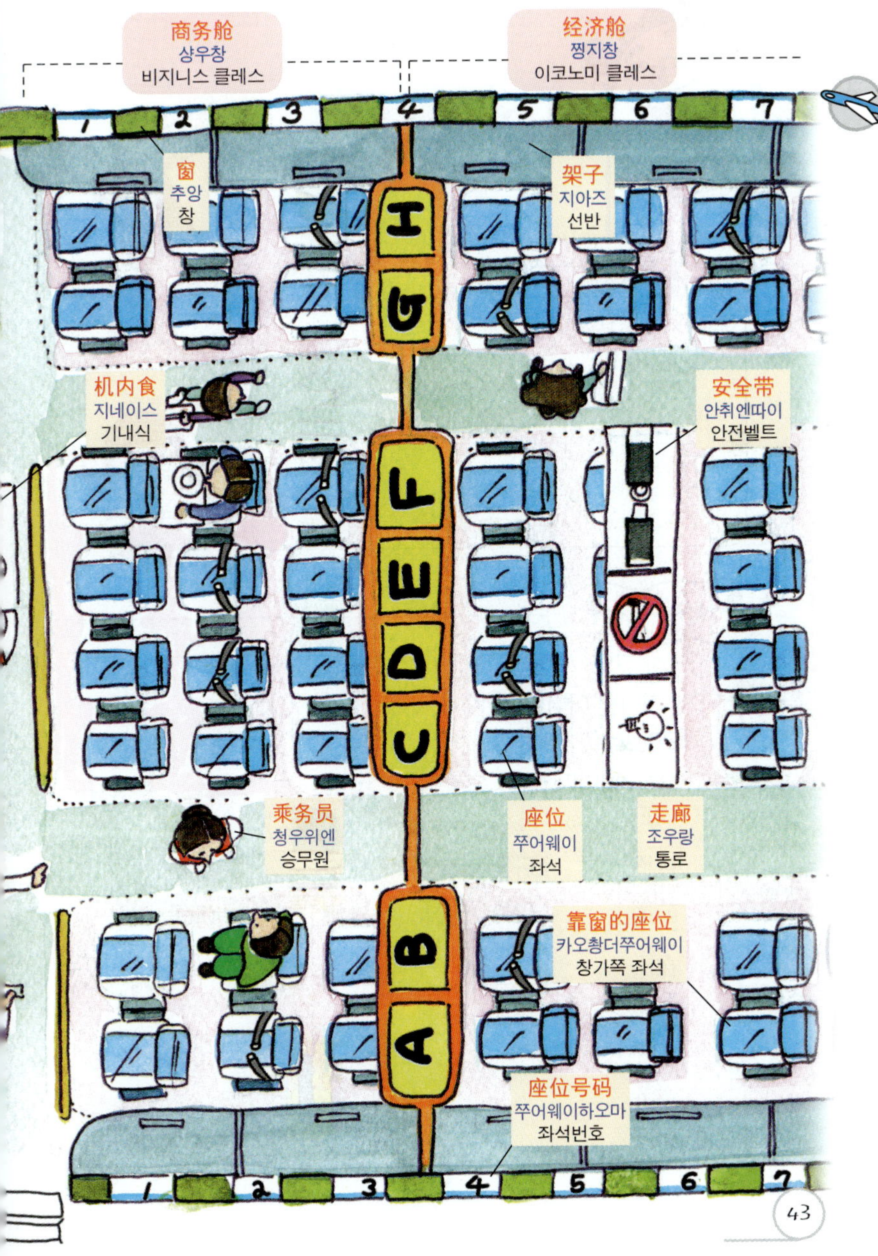

商务舱
샹우창
비지니스 클레스

经济舱
찡지창
이코노미 클레스

窗
추앙
창

架子
지아즈
선반

机内食
지네이스
기내식

安全带
안취엔따이
안전벨트

乘务员
청우위엔
승무원

座位
쭈어웨이
좌석

走廊
조우랑
통로

靠窗的座位
카오촹더쭈어웨이
창가쪽 좌석

座位号码
쭈어웨이하오마
좌석번호

H G
F E D C
B A

# 기내에서

▶ 이 글을 중국 사람에게 펴서 보여 주세요.

我是来旅游的。
语言不通有很多困难。
请回答一下下面的问题。

저는 여행객입니다.
말이 통하지 않아 곤란합니다.
아래 질문에 대답해 주십시오.

# 손가락 STAGE

- -

1

제 자리는 어디입니까?
我的座位在哪儿?

⇨ 여기입니다.
　在这儿。

后面	뒤쪽	靠窗	창문쪽
前面	앞쪽	走廊	복도쪽

☞ 在 ＿＿＿＿＿＿＿＿＿＿＿＿ 。

↑ 중국국제항공(CA)

2

언제쯤 샹하이에 도착합니까?
什么时候到达上海？

北京	베이징	大连	따롄
烟台	옌타이	广州	꽝조우

☞ 什么时候到达＿＿＿＿＿＿＿＿＿＿？

3

담요 하나 주세요.
请给我一张毛毯。

一个枕头	베개 하나	一杯绿茶	녹차 한잔
一杯咖啡	커피 한잔	一张入境卡	입국카드 한장

☞ 请给我＿＿＿＿＿＿＿＿＿＿。

4

한국 신문 있습니까?
有没有韩国报纸？

免税物品	면세품	香水	향수
威士忌	위스키	烟	담배

☞ 有没有＿＿＿＿＿＿＿＿＿＿？

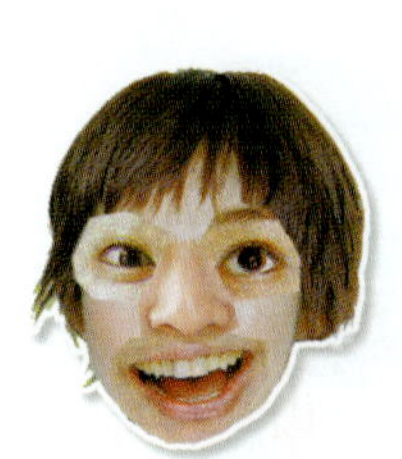

보고 바로 쓰는 말! 말! 말!

승무원	청우위엔	乘务员

한국 스튜어디스가 있습니까?
这里有韩国空姐吗?
쩌리 요 한궈 콩지에 마

탑승권	떵지파이	登机牌

탑승권을 보여 주십시오.
请看一下您的登机牌。
칭 칸이샤 닌 더 떵지파이

좌 석	쭈어웨이	座位

이 좌석번호는 어디입니까?
这个号码的位子在哪儿?
쩌 거 하오마 더 웨이즈 짜이 날

◐ 손님 좌석은 C-21 번입니다.
您的座位是 C-21 。
닌 더 주어웨이 스 씨 얼스이

46

안전벨트 안취엔따이 安全带

안전벨트를 잘 매어 주십시오.
请您系好安全带。
칭 닌 지 하오 안취엔따이

시간 스지엔 时间

지금은 베이징시간으로 몇 시입니까?
现在是北京时间几点？
시엔짜이 스 베이징 스지엔 지 디엔

의자를 뒤로 젖혀도 됩니까?
椅子可以往后仰吗？
이즈 커이 왕호우 양 마

이 헤드폰은 어떻게 사용하는 겁니까?
这耳机怎么使用？
쩌 얼지 전머 스용

금연 진즈시이엔 禁止吸烟

담배를 피워도 됩니까?
可以抽烟吗？
커이 초우이엔 마

화장실 웨이성지엔 卫生间

화장실이 어디입니까?
卫生间在哪儿？
웨이성지엔 짜이 날

▶ 앞 쪽에 있습니다.
在前边儿。
짜이 치엔 별

비어있슴 / 사용중
没人 / 有人
메이런 / 요 런

미엔쑤이우핀　　　　　免税物品

향수가 있습니까?
有香水吗?
요 샹수이 마

위스키 한 병 주십시오.
给我一瓶威士忌。
게이 워 이 핑 웨이스지

한국돈으로 계산해도 됩니까?
用韩币付钱可以吗?
용 한삐 푸치엔 커이 마

루징떵지카　　　　　入境登记卡

입국카드를 작성해 주십시오.
请您填写入境登记卡。
칭 닌 티엔시에 루징떵지카

죄송하지만, 펜이 있습니까?
对不起, 有笔吗?
뚜이부치 요 비 마

여기에는 무엇을 적어야 합니까?
这里要写什么?
쩌리 야오 시에 선머

여권번호를 적으십시오.
写你的护照号码。
시에 니 더 후자오하오마

48

| 이륙하다 | 치페이 | 起飞 |

비행기가 곧 이륙하겠습니다.
飞机马上就要起飞了。
페이지 마샹 찌우야오 치페이러

| 수하물 | 수이션우핀 | 随身物品 |

짐을 어디다 둘까요?
我行李放在哪儿好?
워 싱리 팡 짜이 날 하오

여기에 두십시오.
放在这儿。
팡 짜이 쩔

| 도착하다 | 따오다 | 到达 |

곧 베이징 수도 공항에 도착하겠습니다.
一会儿就到北京首都机场。
이훨 찌우 따오 베이징 쇼뚜지창

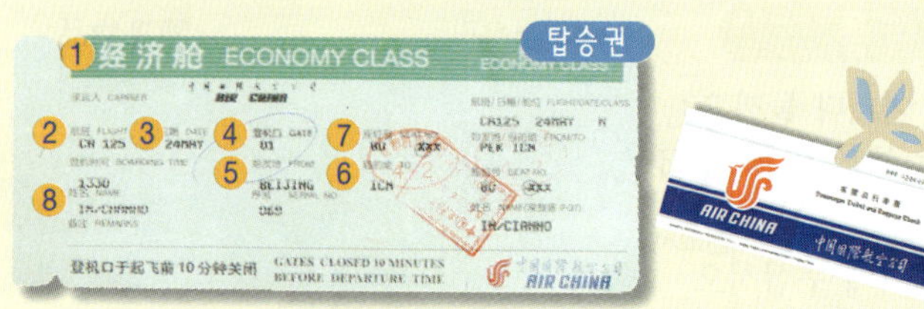

中国国际航空公司　AIR CHINA

1 经济舱　이코노믹클래스

2 航班　비행기 NO.

3 日期　일시

4 舱位　탑승구

5 始发地　출발지

6 目的地　목적지

7 座位号　좌석번호

8 姓名　이름

기내 안전 수칙

1 飞机　　　　　비행기

2 安全须知　　　안전수칙

3 起飞和降落时　이착륙시간

4 飞行中　　　　비행중

5 紧急降落时正确姿势

　비상착륙시 바른 자세

6 氧气面罩　　　산소마스크 착용법

边防检查 出境登记卡
출국신고서

边防检查 入境登记卡
입국신고서

중국으로의 입출국시 반드시 작성하여 제출해야 한다. 심사를 받을 때 보다는 비행기 내에서 여유롭게 작성해 두는 것이 좋다.

1 出境登记卡 : 출국신고서

2 姓名 : 성명

3 证件号码 : 신분증번호

4 国籍(地区) : 국적(지역)

5 航班号/车次/船名 :
　비행기 No./차량 No./배 No.

6 前往何地 : 목적지

7 国内地址 : 국내주소

8 签名 : 싸인

9 男女 : 남녀

10 出生日期 : 출생년월

11 出境日期 : 출국일자

12 入境日期 : 입국일자

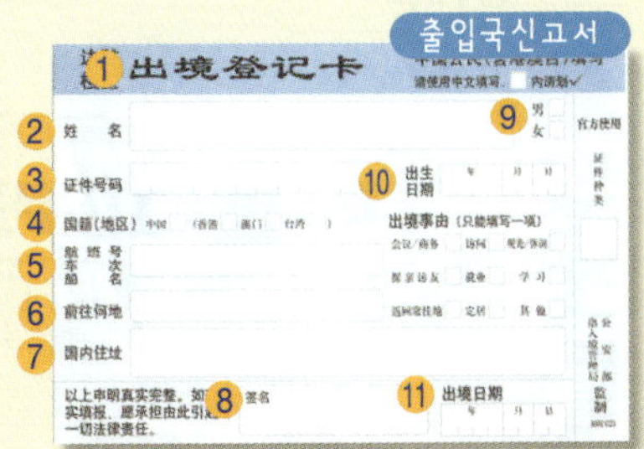

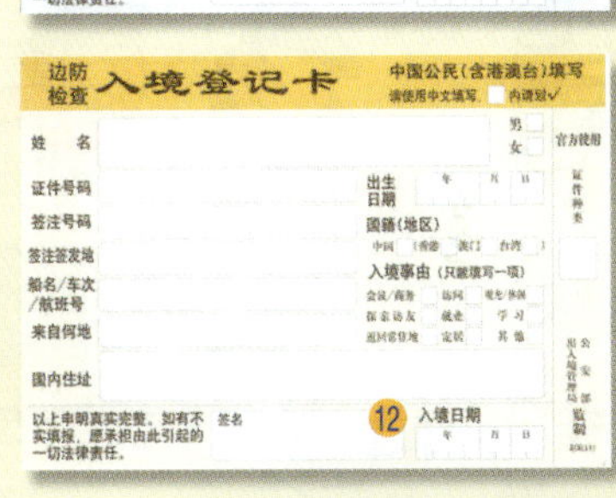

出境旅客检验检疫须知
출국자 건강검진 검역 수칙

유학이나 외국주재, 결혼 등을 이유로 장기 출국하는 출국자들은 반드시 베이징 출국자 검진 검역국의 신체검사를 거쳐야 한다.

中国边防检查 CHINA BORDER CONTROL
自动扶梯
쯔동푸티
에스컬레이터
洗手间
시쇼우지엔
화장실
入境审查
루징션차
입국심사
行李转送带
싱리좐송따이
수하물수취대
Baggage Claim
CA 072 from 漢城
쇼우퍄오추
버스티켓판매소
售票处
车票
机场巴士
지창바쓰
공항버스
처퍄오
버스승차권

大韓航空
따한항콩
대한항공
KE
KOREAN AIR
10
中国国际航空
쭝궈궈지항콩
중국국제항공
CA
中国民航
AIR CHINA
9
中国东方航空
중구뚱팡항콩
중국동방항공
MU
中国东方航空
CHINA EASTERN AIRLINES
8
베이
북쪽
北
난
남쪽
南
추징션차
출국심사
出境審查 — 出境審查
Duty Free
免税店
미엔쑤이디엔
면세점
CHANEL

53

1 입국심사

▶ 이 글을 중국 사람에게 펴서 보여 주세요.

我是来旅游的。
语言不通有很多困难。
请回答一下下面的问题。

저는 여행객입니다.
말이 통하지 않아 곤란합니다.
아래 질문에 대답해 주십시오.

1 중국에 오신 목적은 무엇입니까?
来中国的目的是什么？

⇨ 관광입니다.
观光。

| 旅游 | 여행 | 出差 | 출장 |
| 留学 | 유학 | 探亲 | 친척방문 |

_______________________________ 。

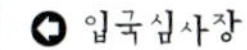

입국심사장

2

며칠이나 머물 계획이십니까?
你打算待几天？

⇨ **일주일** 정도입니다.
　大概**一个星期**。

三天	3일	半个月	15일
一个月	한달	十天	열흘

大概 ________________________________ 。

3

어디에 머무실겁니까?
住什么地方？

⇨ 아직 정하지 않았습니다.
　还没订。

北京饭店	베이징호텔	这个地址	이 주소
朋友家	친구의 집	大学招待所	대학 초대소

________________________________ 。

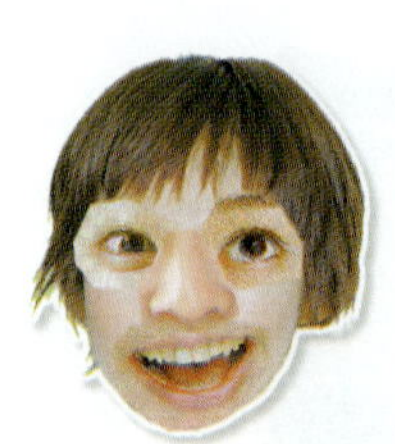

보고 바로 쓰는
말! 말! 말!

여권을 보여 주십시오.
请看一下你的护照。
칭 칸 이샤 니 더 후자오

단체관광입니다.
是团体旅游。
스 퇀티뤼요우

개인여행입니다.
是个人旅行。
스 거런 뤼싱

저는 한국 사람입니다.
我是韩国人。
워 스 한궈런

(저는) 한국에서 왔습니다.
(我是) 从韩国来 (的)。
(워 스) 총 한궈 라이(더)

저는 중국어를 못 합니다.
我不会说中文。
워 부 후이 슈어 쭝원

죄송합니다. 잘 못알아 듣겠습니다.
对不起，我听不懂。
뚜이부치 워 팅부동

다시 한 번 말씀해 주십시오.
请再说一遍。
칭 짜이 슈어 이비엔

천천히 말씀해 주시겠습니까?
请慢慢说。
칭 만만 슈어

한자로 써 주십시오.
请给我写汉字吧。
칭 게이 워 시에 한쯔 바

입국 카드를 잃어버렸습니다.
我丢了入境登记卡。
워 띠우러 루징떵지카

2 통관

▶ 이 글을 중국 사람에게 펴서 보여 주세요.

我是来旅游的。
语言不通有很多困难。
请回答一下下面的问题。

저는 여행객입니다.
말이 통하지 않아 곤란합니다.
아래 질문에 대답해 주십시오.

손가락 STAGE

1

어디에서 짐을 찾습니까?
在哪儿取行李？

⇨ 저 쪽입니다.
在那边。

前边	앞쪽	后边	뒤쪽
左边	왼쪽	右边	오른쪽

在 ____________________ 。

2

CA124 비행기입니다.
我是 CA124 航班。

我是 ____________________ 航班。

● 베이징 공항내

 **3**

제 짐을 찾을 수가 없습니다.
找不到我行李。

☞ 找不到我＿＿＿＿＿＿＿＿＿＿＿。

4

나는 신고할 물건이 없습니다.
我没有要申报的东西。

☞ 我没有＿＿＿＿＿＿＿＿＿＿＿。

5

이것은 저의 개인용품입니다.
这是我的随身物品。

| 礼品 | 선물 | 化妆品 | 화장품 |
| 药 | 약 | 照相机 | 카메라 |

☞ 这是我的＿＿＿＿＿＿＿＿＿＿＿。

| 짐찾기 | 취싱리 | 取行李 |

카터가 어디 있습니까?
行李小推车在哪儿？
싱리샤오투이처 짜이 날

제 짐이 없습니다.
没有我的行李。
메이요 워 더 싱리

당신 짐은 어떤 모양입니까?
你的行李是什么样子的？
니 더 싱리 스 선머 양즈 더

이 정도 크기의 검은 색 상자입니다.
这么大的黑色的箱子。
쩌머 따 더 헤이서 더 샹즈

윗면에 제 이름과 주소가 씌여 있습니다.
上面写着我的名字和地址。
샹미엔 시에저 워 더 밍즈 허 띠즈

이것이 제 수화물표입니다.
这是我的行李牌。
쩌 스 워 더 싱리파이

찾으면 바로 호텔로 보내주십시오.
找到之后请马上送到饭店来。
자오따오 즈호우 칭 마샹 쏭따오 판디엔 라이

이것은 팔려고 가져온 것이 아닙니다.
这不是带买卖的。
쩌 부스 따이 마이마이 더

이것은 개인용품입니다.
这是个人用品。
쩌 스 거런용핀

세관신고카드를 주십시오.
请给我海关申报单。
칭 게이 워 하이꽌션빠오딴

이 핸드백을 열어 보십시오.
请打开这个提包。
칭 따카이 쩌 거 티빠오

이 물건은 관세를 물어야 합니다.
这件东西要上税。
쩌 지엔 똥시 야오 샹수이

출국할 때까지 잘 보관하십시오.
请保存到出境的时候。
칭 바오춘 따오 추징 더 스호우

짐이 더 있습니까?
还有其他行李吗?
하이요 치타 싱리 마

➡ 있습니다. / 없습니다.
有。/ 没有。
요우/메이요

3 환전

▶ 이 글을 중국 사람에게 펴서 보여 주세요.

我是来旅游的。
语言不通有很多困难。
请回答一下下面的问题。

저는 여행객입니다.
말이 통하지 않아 곤란합니다.
아래 질문에 대답해 주십시오.

1 달러를 인민폐로 바꾸고 싶습니다.
我要把美元换成人民币。

日元	엔화	法郎	프랑
韩币	한화	马克	마르크

我要把 ________________ 换成人民币。

2 500 달러를 바꾸고 싶습니다.
我要换五百美金。

一千	천	三百	삼백
两千	이천	七百	칠백

我要换 ________________ 美金。

| **환 전** | 환치엔 | 换钱 |

어디에서 환전을 합니까?
在哪儿换钱？
짜이 날 환치엔

여기 은행이 있습니까?
这儿有银行吗？
쩔 요 인항 마

중국어로 씁니까, 아니면 영문으로 씁니까?
写中文还是写英文？
시에 쭝원 하이스 시에 잉원

여행자수표도 환전가능합니까?
旅行支票也可以换吗？
뤼싱즈파오 예 커이 환 마

오늘 환율이 얼마입니까?
今天的兑换率是多少？
찐티엔 더 뚜이환뤼 스 뚸샤오

일대 얼마입니까?
一比多少？
이 비 뚸샤오

잔돈으로 바꿔주십시오.
请给我换零钱。
칭 게이 워 환 링치엔

시내가기

▶ 이 글을 중국 사람에게 펴서 보여 주세요.

我是来旅游的。
语言不通有很多困难。
请回答一下下面的问题。

저는 여행객입니다.
말이 통하지 않아 곤란합니다.
아래 질문에 대답해 주십시오.

1

청화대학에 어떻게 갑니까?
去清华大学怎么走？

| 昆仑饭店 | 곤륜호텔 | 亚洲大酒店 | 아시아호텔 |
| 北京饭店 | 베이징호텔 | 丽都饭店饭店 | 홀리데이인호텔 |

☞ 去________________怎么走？

2

안내처가 어디입니까?
询问处在哪儿？

| 免税商店 | 면세점 | 售票处 | 매표소 |
| 机场班车 | 공항버스 | 出租车站 | 택시정류장 |

☞ ________________在哪儿？

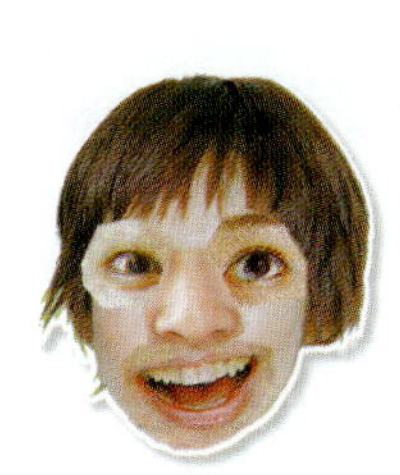

보고 바로 쓰는 말! 말! 말!

저의 안내원이 출구에서 저를 기다리고 있습니다.
我的导游在出口等着我呢!
워 더 다오요우 짜이 추코우 덩저 워 너

이 호텔이 어디입니까?
这家宾馆在哪儿?
쩌지아 삔관 짜이 날

교통안내도가 있습니까?
你有交通图吗?
니 요 쟈오통투 마

시내지도를 주십시오.
请给我市内地图。
칭 게이 워 스네이띠투

짐을 들어주시겠습니까?
可以帮我提行李吗?
커이 빵 워 티 싱리 마

기다려 주십시오.
请等我
칭 덩 워

시내가 여기서 멉니까?
城市离这儿远吗?
청스 리 쩔 위엔 마

어디서 택시를 탑니까?
在哪儿坐出租车?
짜이 날 쭈어 추주처

기차역으로 가는 공항버스를 어디서 탑니까?
要在哪儿坐去火车站的民航班车?
야오 짜이 날 쭈어 취 훠처잔 더 민항 빤처

택시 타 기   쭈어추주처   坐出相车

가시나요?(택시)
走吗?
조우 마

이 곳을 아십니까?
你认识这个地方吗?
니 런스 쩌 거 띠팡 마

시내까지 얼마나 걸립니까?
到市中心需要多长时间?
따오 스중신 쉬야오 뛰창스시엔

이 곳까지 데려다 주십시오.
请送我到这个地方。
칭 쏭 워 따오 쩌 거 띠팡

급합니다.
我很急。
워 헌 지

여권	护照	후자오
비자	签证	치엔쩡
예방주사증명서	预防注射证	위팡주서쩡
검역	卫生检疫	웨이셩지엔이
입국관리	入境管理	루징관리
입국심사	入境审查	루징션차
여행객	旅客	뤼커
외국인	外国人	와이궈런
입국카드	入境登记	루징떵지
여행목적	旅行目的	뤼싱무띠
출발지	出发地点	추파띠디엔
이름	姓名	싱밍
국적	国籍	궈지
생년월일	出生日期	추셩르지
나이	年龄	니엔링
성별	性别	싱비에
남 / 여	男/女	난 / 뉘
직업	职业	즈예
주소	地址	띠즈
본적	原籍	위엔지
기혼	已婚	이훈
미혼	未婚	웨이훈
여권번호	护照号码	후자오하오마

세관	海关	하이관
관세	关税	꽌쑤이
통관	通关	통관
세관신고서	海关申报单	하이관션빠오단
외화신고서	外币登记表	와이삐떵지퍄오
현금	现金	시엔진
면세품	免税物品	미엔쑤이우핀
술	酒	지우
향수	香水	샹수이
반입금지품	禁止带物品	진즈따이우핀
동물	动物	똥우
식물	植物	즈우
비디오카메라	摄像机	서샹지
비디오	录像机	루샹지
카메라	照相机	자오샹지
환전	换钱 / 外汇兑换	환치엔 / 와후이뚜이환
외화	外汇	와이후이
은행	银行	인항
환전소	兑换处	뚜이환추
여행자수표	旅行支票	뤼싱즈퍄오
수표	支票	즈퍄오
인민폐	人民币	런민삐
한화	韩币	한삐
달러	美元	메이위엔
엔화	日元	르위엔

동전	硬币	잉삐
잔돈	零钱	링치엔
매표소	售票处	쇼우퍄오추
공항버스	机场班车	지창빤처

⊙ 죽마(竹马)

공항내 문구

1	自动扶梯	에스컬레이터
2	电梯	에레베이터
3	餐厅	식당
4	商店	상점
5	洗手间	화장실
6	出发大厅	출국장
7	国际到达	국제선 도착지
8	国际中转	국제선 갈아타는 곳

공항 세관

海关　　공항 세관

특별히 신고할 것이 없으면 그냥 통과하면 된다.

환율표

外币兑换　　환율표

중국은행이나 호텔, 공항 등에서 환전이 가능하며, 환전신청표를 작성해야 한다.(반드시 여권 지참)

쓰고 남은 돈을 다시 환전하기 위해선 환전표를 반드시 보관하고 있어야 하며, 중국내에서 우리 나라 돈은 직접 환전할 수 없다. 그러므로 출국 전 우리나라의 공항이나 은행에서 인민폐로 미리 환전하는 것이 좋다.

중국에는 아직까지 여행자수표나 신용카드가 널리 통용되지 않고 있으나 규모가 큰 호텔에선 결제 가능하다.

中国边防检查　　입국심사

일반적으로 한국인에게는 그다지 까다롭지 않다. 체류 목적, 기간 등은 대체로 묻지 않고, 여권심사만으로 통과 가능하므로 중국어를 하지 못한다해서 긴장하지 않아도 된다.
내국인·외국인의 구별이 없는 대신 단체팀과 개인의 구별이 있다.

出国检查　　출국심사

출국검사를 받기 위해 줄을 서서 기다려야 하며, 출국검사 전 보안검사대에서 짐검사를 받는다.

中国检验检疫　　중국검역소

전염병 지역을 여행한 후에는 반드시 검역을 거쳐야 한다.

公共汽车
꿍공치처
버스

公共汽车站
꿍공치처잔
버스 정류장

红绿灯
홍뤼떵
신호등

三轮车
싼룬처
인력거

公厕
WC
꿍처
공중화장실

北京图书馆
运通105线

北

베이징잔
베이징역
麦当劳
마이땅라오
맥도날드
地铁
띠티에
지하철
公安
꽁안
경찰
出租车
추주처
택시
自行车
쯔싱처
자전거
小卖部
샤오마이뿌
소매점
邮筒
요우통
우체통
友谊商城
北京中心
麦当劳
8:00~21:00

73

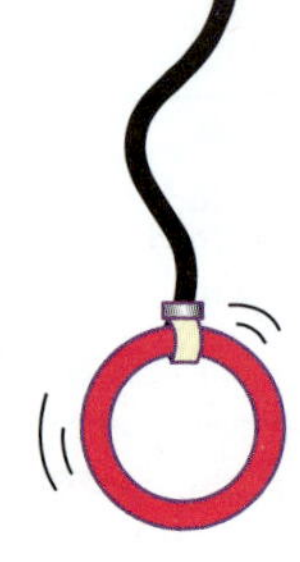

1 길묻기

▶ 이 글을 중국 사람에게 써서 보여 주세요.

我是来旅游的。
语言不通有很多困难。
请回答一下下面的问题。

저는 여행객입니다.
말이 통하지 않아 곤란합니다.
아래 질문에 대답해 주십시오.

1 화장실은 어디입니까?
厕所在哪儿?

银行	은행	书店	서점
百货大楼	백화점	邮局	우체국

_____________________ 在哪儿?

2 왕푸징은 어떻게 갑니까?
王府井怎么走?

北京站	베이징역	颐和园	이화원
韩国大使馆	한국대사관	秀水街	실크시장

_____________________ 怎么走?

거리풍경 

 **3**

여기서 먼가요?
离这儿远吗？

➾ 조금 멉니다.
比较远。

➾ 멀지 않습니다.
不远。

离这儿 _______________ 吗？

4

여기서 가까운가요?
离这儿近吗？

_______________ ？

 **5**

걸어가도 될까요, 아니면 버스를 타야할까요?
走着去可以吗、还是要坐公共汽车？

| 地铁 | 지하철 | 出租车 | 택시 |
| 自行车 | 자전거 | 小公共 | 미니버스 |

走着去可以吗、还是要坐 _______________ ？

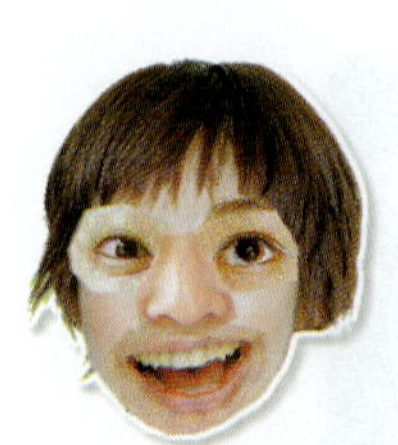

보고 바로 쓰는 말! 말! 말!

길 묻 기	원루	向路

여기는 어디입니까?
这是哪儿?
쩌 스 날

시장이 어디입니까?
市场在哪儿?
스창 짜이 날

기차역은 어디입니까?
火车站在什么地方?
훠처잔 짜이 선머 띠팡

베이징호텔은 어떻게 갑니까?
北京饭店怎么走?
베이징 판디엔 전머 조우

이 근처에 전철역이 있습니까?
这儿附近有地铁站吗?
쩔 푸진 요 띠티에잔 마

방향	팡샹	方向

오른쪽으로 도십시오.
往右拐。
왕 요우 꽈이

왼쪽으로 도십시오.
往左拐。
왕 조우 꽈이

쭉 앞으로 가십시오.
一直往前走。
이즈 왕 치엔 조우

사거리가 나오면 우회전하십시오.
到十字路口就往右拐。
따오 스즈루 코우 찌우 왕 요우 꽈이

길을 건너야 합니다.
要过马路
야오 꾸어 마루

길 건너편입니다.
马路对面。
마루 뚜이미엔

옆입니다.
在旁边儿。
짜이 팡별

은행 옆입니다.
在银行旁边儿。
짜이 인항 팡별

바로 여깁니다.
这就是。
쩌 지우 스

바로 앞입니다.
前边儿就是。
치엔별 찌우 스

방법	빤파	办法

걸어서 갈 수 있습니까?
能走着去吗?
넝 조우저 취 마

차를 타야 합니까?
要坐车吗?
야오 쭈어 처 마

지하철을 타야 합니까?
要坐地铁吗?
야오 쭈어 띠티에 마

걸어서 갈 수 있습니다.
可以走着去。
커이조우저 취

차를 타야만 합니다.
得坐车。
데이 쭈어 처

거 리　　　쥐리　　　距离

멉니다.
远。
위엔

조금 멉니다.
有点儿远。
요덜 위엔

가깝습니다.
近。
찐

아주 가깝습니다.
很近。
헌 찐

금방 도착합니다.
马上到。
마샹 따오

길을 잃다　　　미루　　　迷路

여기는 어디입니까?
这是什么地方？
쩌 스 선머 띠팡

저는 길을 잃었습니다.
我迷路了。
워 미루 러

▶ 이 글을 중국 사람에게 펴서 보여 주세요.

동물원에 가려면 몇 번 버스를 타야 합니까?
去动物园要坐几路车?

| 故宫 | 꾸궁 | 颐和园 | 이허위엔 |
| 北海公园 | 베이하이공원 | 博物馆 | 박물관 |

去 ＿＿＿＿＿＿＿＿＿＿ 要坐几路车?

베이징대학에 가려면 어디에서 갈아타야 합니까?
去北京大学要在哪儿换车?

| 清华大学 | 청화대학 | 天安门 | 티엔안먼 |
| 长安街 | 창안지에 | 东单 | 뚱딴 |

去 ＿＿＿＿＿＿＿＿＿＿ 要在哪儿换车?

여기 5번 버스가 있습니까?
这里有 5 路车吗？

| 21 路 | 21번 | 110 路 | 110번 |
| 376 路 | 376번 | 905 路 | 905번 |

☞ 这里有 ＿＿＿＿＿＿＿＿＿＿ 车吗？

베이징역에 도착하면 알려주십시오.
到北京站请告诉我。

| 北京饭店 | 베이징호텔 | 中山公圆 | 쭝산공원 |
| 人民大会堂 | 런민따후이탕 | 美术馆 | 미술관 |

☞ 到 ＿＿＿＿＿＿＿＿＿＿ 请告诉我。

다음 정류장에서 내리면 됩니까?
下一站下车可以吗？

| 人民大学站 | 인민대학 정류장 | 新街口 | 신지에코 |
| 下下站 | 다다음 장류장 | 这次 | 이번 |

☞ ＿＿＿＿＿＿＿＿＿＿ 下车可以吗？

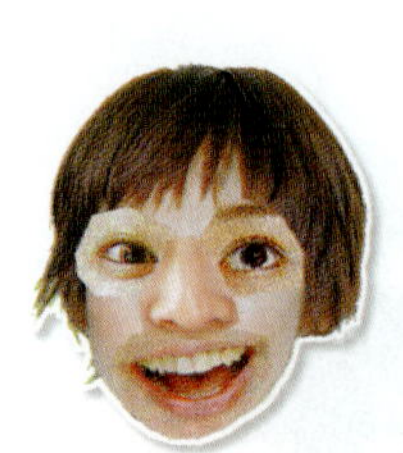

보고 바로 쓰는

말! 말! 말!

버스정류장이 어디에 있습니까?
公共汽车站在哪儿？
꿍공치처잔 짜이 날

어디에서 버스를 탑니까?
在哪儿坐公共汽车？
짜이 날 쭈어 꿍공치처

375번 버스표지판이 어디에 있습니까?
375站牌在哪儿？
싼치우 잔파이 짜이 날

베이징서역에 가려면 어디에서 타야 합니까?
去北京西客站在哪儿坐车？
취 베이징시커잔 짜이 날 쭈어처

여기 332번 버스가 있습니까?
这里有332车站吗？
쩌리 요 싼싼얼처잔 마

여기 시단에 가는 버스가 있습니까?
这里有到西单的车吗？
쩌리 요 따오 시단 더 처 마

몇 번 버스를 타야 합니까?
要坐几路车？
야오 쭈어 지 루 처

치엔먼에 갑니까?
到前门吗？
따오 치엔먼 마

표 사 기   마이퍄오   买票

버스표를 사십시오.
请买票。
칭 마이 퍄오

버스표를 주십시오.
我要买票。
워 야오 마이 퍄오

얼마입니까?
多少钱？
뚸샤오 치엔

이미 (표를) 샀습니다.
我已经买了。
워 이징 마이러

몇 사람입니까?
几个人？
지 거 런

세 사람입니다.
三个人。
싼 거 런

안띵문까지 얼마입니까?
到安定门多少钱？
따오 안띵먼 뚸샤오 치엔

어디까지 가십니까?
你到哪儿？
니 따오 날

어디에서 타셨습니까?
在哪儿上的？
짜이 날 샹 더

어디에서 내리십니까?
你要哪儿下？
니 야오 날 샤

　짜이꽁공치처리　在公共汽车里

갈아타야 합니까?
要换车吗？
야오 환 처 마

어디서 갈아탑니까?
在哪儿换车？
짜이 날 환 처

건국문에 가려면 어디에서 갈아타야 합니까?
到建国门要在哪儿换车？
따오 지엔궈먼 야오 짜이 날 환처

도착하려면 멀었습니까?
离到站还远吗?
리 따오 잔 하이 위엔 마

몇 정거장이나 남았습니까?
还有几站?
하이요 지 잔

세 정거장 남았습니다.
还有三站。
하이요 싼 잔

도착하면 알려주세요.
到站请告诉我。
따오 잔 칭 까오수 워

버스를 잘못 타셨습니다.
你上错车了。
니 샹추어 처 러

내 리 기　　　　　　샤처　　　　　　下车

다음 정류장에서 내리십시오.
下站下车吧。
샤잔 샤처 바

다 왔습니다.
到了。
따오 러

비켜주십시오.
让一让。
랑 이 랑

저는 내려야 합니다.
我要下车。
워 야오 샤 처

3 택시

▶ 이 글을 중국 사람에게 펴서 보여 주세요.

我是来旅游的。
语言不通有很多困难。
请回答一下下面的问题。

저는 여행객입니다.
말이 통하지 않아 곤란합니다.
아래 질문에 대답해 주십시오.

손가락 STAGE

 공항으로 가 주세요.
去机场吧。

| 韩国大使馆 | 한국대사관 | 友谊商场 | 요우의상점 |
| 长城饭店 | 창청호텔 | 新华书店 | 신화서점 |

☞ 去 ＿＿＿＿＿＿＿＿＿ 吧。

 문 앞에서 세워주십시오.
在门口停一下。

| 十字路口 | 사거리 | 前边 | 앞 쪽 |
| 旁边儿 | 옆 | 人行横道前边儿 | 횡단보도 앞 |

☞ 在 ＿＿＿＿＿＿＿＿＿ 停一下。

◀ 택시

 **3**

호텔까지 얼마나 걸릴까요?
到饭店需要多长时间？

⇨ 아직 30분 더 가야 합니다.
还要半个小时。

| 中日医院 | 쭝르병원 | 王府井 | 왕푸징 |
| 建国门 | 지엔궈먼 | 三里屯 | 싼리툰 |

☞ 到 ＿＿＿＿＿＿＿＿＿＿＿ 需要多长时间？

 **4**

얼마입니까?
多少钱？

⇨ 50원 7전입니다.
50 块　7 毛。

☞ ＿＿＿＿＿＿ 块 ＿＿＿＿＿＿ 毛。

 **5**

잔돈을 거슬러 주십시오.
找个零钱吧。

☞ ＿＿＿＿＿＿＿＿＿＿＿＿＿＿ 。

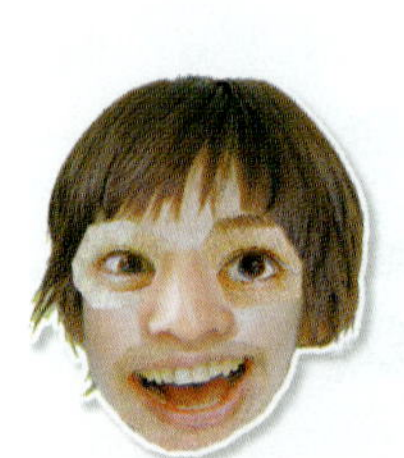

택시 정류장	추주처잔	出租车站

택시 정류장이 어디입니까?
出租车站在哪儿?
추주처잔 짜이 날

여기서 택시를 잡을 수 있습니까?
这里能坐出租车吗?
쩌리 넝 쭈어 추주처 마

목적지	무띠띠	目的地

어디까지 가십니까?
去哪儿?
취 날

이 주소로 데려가 주십시오.
请到这个地址。
칭 따오 쩌 거 띠즈

아시아호텔로 가 주십시오.
到亚洲大饭店吧。
따오 야조우따판디엔 바

빨리 가 주십시오.
请快点儿开。
칭 콰이뎔 카이

천천히 갑시다.
慢慢开吧。
만만 카이 바

오른쪽으로 도십시오.
请往右拐。
칭 왕 요우 꽈이

왼쪽으로 도십시오.
请往左拐。
칭 왕 주어 꽈이

U턴 해 주십시오.
请转头。
칭 좐 토우

여기서 기다려 주십시오.
请在这儿等一下。
칭 짜이 쩔 팅 이샤

얼마나 걸릴까요?
需要多长时间？
쉬야오 뚸창 스지엔

▶ 30분 정도 걸립니다.
得半个钟头。
데이 빤 거 중토우

이 시간에 차가 많이 막힐까요?
这个时间会不会堵车?
쩌 거 스지엔 후이 부 후이 두 처

아직 멀었습니까?
还远吗?
하이 위엔 마

얼마나 더 걸릴까요?
还要多长时间?
하이야오 뚸창 스지엔

➡ 10분정도 남았습니다.
还有 10 分钟。
하이요 스 펀 중

9시까지 도착할 수 있을까요?
9点能到吗?
지우디엔 넝 따오 마

도착하다	따오다	到达

다 왔습니다.
到了。
따오 러

바로 저깁니다.
就那儿。
찌우 날

여기서 세워주십시오.
请停在这儿。
칭 팅 짜이 쩔

문 앞에 세워 주십시오.
在门口停一下。
짜이 먼코우 팅 이샤

여기서 기다려 주십시오.
请在这儿等会儿。
칭 짜이 쩔 덩 훨

 리용서뻬이　　　　利用设备

에어콘을 켜 주십시오.
请开空调。
칭 카이 콩탸오

히터를 켜 주세요.
请放暖气。
칭 팡 놘치

 푸콴　　　　付款

얼마입니까?
多少钱?
뚸사오 치엔

여기 있습니다.
给你。
게이 니

잔돈은 필요없습니다.
不用找钱了。
부 용 자오 치엔 러

거슬러 주십시오.
请找钱。
칭 자오 치엔

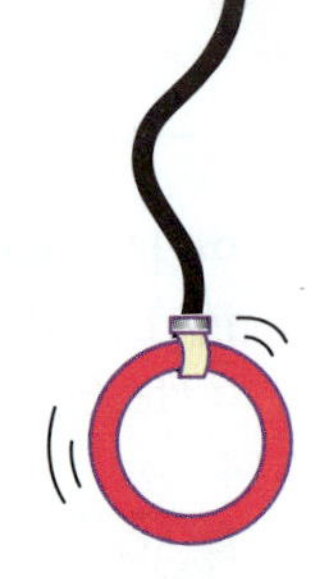

▶ 이 글을 중국 사람에게 펴서 보여 주세요.

我是来旅游的。
语言不通有很多困难。
请回答一下下面的问题。

저는 여행객입니다.
말이 통하지 않아 곤란합니다.
아래 질문에 대답해 주십시오.

손가락 STAGE

 **1**

자전거를 한 대 빌리고 싶습니다.
我想租一辆自行车。

⇨ 가능합니다.
　可以。

| 二辆 | 2대 | 三辆 | 3대 |

 我想租 ＿＿＿＿＿＿＿＿＿＿ 自行车。

 **2**

한 시간에 얼마입니까?
一个小时多少钱？

| 两个小时 | 2시간 | 半天 | 반나절 |
| 一天 | 하루 | 一个星期 | 일주일 |

＿＿＿＿＿＿＿＿＿＿ 多少钱？

 다른 것은 없습니까?
有没有**别的**?

| 好的 | 좋은 것 | 女车 | 여성용 |
| 男车 | 남성용 | 儿童的 | 아이들용 |

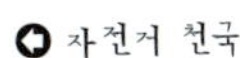 有没有 _______________________?

4 고장나지 않은 걸로 주십시오.
我要**没故障的**。

| 新的 | 새 것 | 干净的 | 깨끗한 것 |
| 高的 | 높은 것 | 底的 | 낮은 것 |

我要 _______________________。

 나는 한시간동안 빌리겠습니다.
我要租**一个小时**。

| 三个小时 | 3시간 | 两天 | 이틀 |
| 半个月 | 반달 | 两个星期 | 이주일 |

我要租 _______________________。

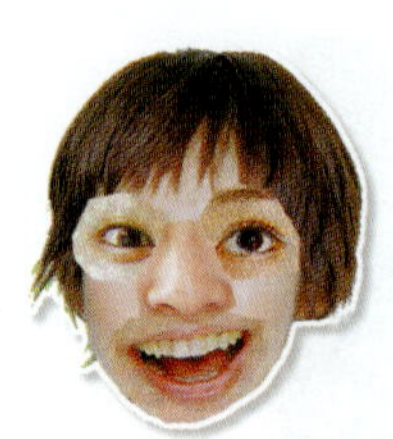

자전거 빌리기   주쯔싱처   租自行车

어디서 자전거를 빌릴 수 있습니까?
在哪儿可以租自行车？
짜이 날 커이 주 쯔싱처

자전거를 빌리고 싶습니다.
我想租自行车。
워 샹 주 쯔싱처

대여료   주진   租金

한 시간 빌리는데 얼마입니까?
租一个小时多少钱？
주 이 거 샤오스 뚸샤오스

하루에 얼마입니까?
包一天多少钱？
빠오 이 티엔 뚸샤오치엔

보증금이 필요합니까?
要押金吗？
야오 야진 마

가격표를 보여주십시오.
请给我看价格表。
칭 게이 워 칸 지아거뱌오

이 자전거로 하겠습니다.
我要这辆自行车。
워 야오 쩌 량 쯔싱처

좀 더 높은 것이 없습니까?
有没有高点儿的？
요 메이요 까오뎔더

브레이크가 너무 헐렁헙니다.
刹车太松了。
샤처 타이 송 러

타이어에 바람을 넣어주십시오.
给轮胎打点儿气吧。
게이 룬타이 따뎔 치 바

다른 걸로 바꿔주십시오.
换别的吧。
환 비에 더 바

언제까지 돌려줘야 합니까?
到什么时候要还？
따오 선머스호우 야오 환

자전거를 돌려주려고 합니다.
我要还车。
워 야오 환 처

열쇠를 잃어버렸습니다.
我丢了钥匙。
워 띠우러 야오스

기차

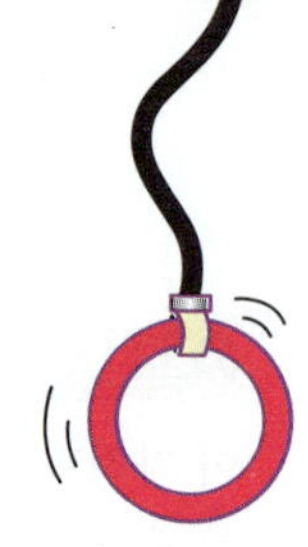

▶ 이 글을 중국 사람에게 펴서 보여 주세요.

我是来旅游的。
语言不通有很多困难。
请回答一下下面的问题。

저는 여행객입니다.
말이 통하지 않아 곤란합니다.
아래 질문에 대답해 주십시오.

손가락 S⊤AGE

1

매표소가 어디입니까?
售票处在哪儿？

问讯处	안내소	行李寄存处	짐보관소
失物招领处	분실물센타	卖报台	신문판매대

_______________________ 在哪儿？

2

상하이로 가는 기차표를 한 장 주십시오.
请给我一张去上海的火车票。

天津	티엔진	重庆	총칭
长春	장춘	威海	웨이하이

请给我一张去 _______________ 的火车票。

내일 샹하이로 가는 표를 한 장 주십시오.
我要一张明天去上海的火车票。

| 两张·今天晚上 | 2장·오늘 저녁 |
| 三张·明天11点 | 3장·내일 11시 |

☞ 我要 ________________ 去上海的火车票。

칭따오로 가는 기차표는 어디서 팝니까?
去青岛的票在哪儿买？

| 西安 | 시안 | 深圳 | 션쩐 |
| 哈尔滨 | 하얼삔 | 杭州 | 항조우 |

☞ 去 ________________ 的票在哪儿买？

베이징까지 얼마입니까?
去北京多少钱？

| 桂林 | 꾸이린 | 香港 | 샹강 |
| 大连 | 따리엔 | 成都 | 청뚜 |

☞ 去 ________________ 多少钱？

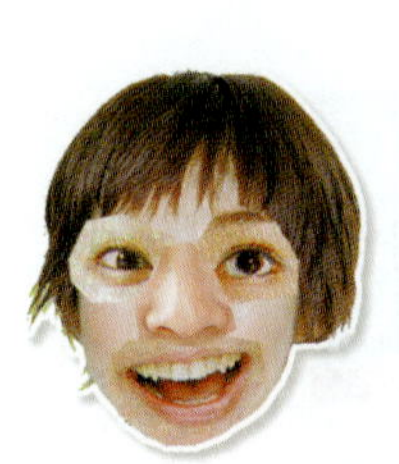

| 역 찾 기 | 자오처잔 | 找车站 |

기차역이 어디입니까?
火车站在哪儿?
훠처잔 짜이 날

기차역까지 데려다 주십시오.
请送我去火车站。
칭 쏭 워 취 훠처잔

| 차 표 | 처퍄오 | 车票 |

베이징까지 얼마입니까?
去北京多少钱?
따오 베이징 뚸샤오 치엔

왕복에 얼마입니까?
往返票多少钱?
왕판퍄오 뚸샤오치엔

몇 시에 꽝조우에 가는 기차가 있습니까?
几点有到广州的火车?
지디엔 요 따오 꽝쩌우더 훠처

아침 6 시에 25 호 고속 열차가 있습니다.
早上六点有二十五次特快。
자오샹 류디엔 얼스우츠 터콰이

조금 더 늦게 출발하는 열차가 있습니까?
有没有晚一点儿(出发)的？
요 메이요 완 이뎔(추파)더

조금 더 늦게 출발하는 열차가 있습니까?
有晚一点儿(出发)的吗？
요 완이뎔(추파) 더 마

조금 더 일찍 출발하는 열차가 있습니까?
有没有早一点儿(出发)的？
요 메이요 자오 이뎔(추파)더

조금 더 일찍 출발하는 열차가 있습니까?
有早一点儿(出发)的吗？
요 자오이뎔(추파)더 마

부드러운 침대칸을 원하십니까, 딱딱한 침대칸을 원하십니까?
你要软卧、还是硬卧？
니 야오 롼워 하이스 잉워

어른표 2장과 어린이표 1장 주십시오.
我要两张大人的和一张小孩儿的。
워 야오 량 장 따런 더 허 이 장 샤오할 더

표를 반환해도 됩니까?
能退票吗？
넝 튀이퍄오 마

어디서 표를 반환합니까?
在哪儿退票？
짜이 날 투이퍄오

 스커빠오 时刻表

몇시에 우시에 도착합니까?
几点到无锡？
지 디엔 따오 우시

언제 션양에 도착합니까?
什么时候到达沈阳？
선머스호우 따오다 션양

다음날 오후 1 시에 도착합니다.
第二天下午一点到。
띠얼티엔 샤우 이 디엔 따오

아직 개표시간이 되지 않았습니까?
检票时间还没到吗？
지엔퍄오 스지엔 하이메이 따오 마

개찰구가 어디입니까?
检票口在哪儿？
지엔퍄오코우 짜이 날

2 번 개찰구로 들어가십시오.
从二号检票口进去。
총 얼하오 지엔퍄오코우 찐 취

난징으로 가는 열차는 몇 번 플랫폼에서 출발합니까?
去南京从几号站台发车？
취 난징 총 지 하오 잔타이 파

제 자리는 어디입니까?
我的座位在哪儿？
워 더 주어웨이 짜이 날

이 자리에 손님이 있습니까?
这个座位有人吗？
쩌 거 주어웨이 요 런마

이 좌석이 제 자리 같습니다.
这是我的座位吧。
쩌 스 워더 주어웨이 바

자리 번호를 좀 보여 주십시오.
请看看您的座位号。
칭 칸칸 닌 더 주어웨이하오

침대칸에 빈 자리가 있습니까?
请问还有空的卧铺吗?
칭 원 하이요 콩더 워푸 마

침대칸이 어디있습니까?
卧铺车在哪儿?
워푸처 짜이 날

내 침상은 어디입니까?
我的卧铺在哪儿?
워 더 워푸 짜이 날

다음 역은 어디입니까?
下一站在哪儿?
샤 이 잔 짜이 날

지금은 어디를 지나갑니까?
现在经过哪儿?
시엔짜이 징 궈 날

기차가 지린에 섭니까?
列车在吉林停吗?
리에처 짜이 지린 팅 마

시안에서 얼마나 정차합니까?
列车在西安停多长时间？
리에처 짜이 시안 팅 뚸창 스지엔

쑤조우까지 얼마나 걸립니까?
到苏州需要多长时间？
따오 쓰조우 쉬야오 뚸창 스지엔

중간에 내려도 됩니까?
可以中途下车吗？
커이 중투 샤처 마

내려야할 역을 지났습니다.
我过站了。
워 꿔 잔 러

<table><tr><td>식당차</td><td>찬처</td><td>餐车</td></tr></table>

식당칸은 몇 시부터 영업합니까?
餐车从几点开始营业？
찬처 총 지 디엔 카이스 잉예

도시락 하나 주세요.
请给我一盒盒饭。
칭 게이 워 이 허 허판

이것 두 개 저것 하나 주세요.
请给我拿两个这种的和一个那种的。
칭 게이 워 나 량 거 쩌종더 허 이 거 나종더

담배를 피워도 될까요?
在这儿可以抽烟吗？
짜이 쩔 커이 초우옌 마

차표를 잃어버렸습니다.
我丢了车票。
워 띠우러 처퍄오

<table>
<tr><td>**짐**</td><td>싱리</td><td>行李</td></tr>
</table>

짐 보관소가 어디입니까?
行李寄存处在哪儿?
싱리지춘추 짜이 날

내 짐을 보관하고 싶습니다.
我想寄存我的行李。
워 샹 지춘 워 더 싱리

<table>
<tr><td>**짐탁송처**</td><td>싱리 토어원추</td><td>行李托运处</td></tr>
</table>

내 짐을 탁송 해 주십시오.
我想托运我的行李。
워 샹 토어윈 워 더 싱리

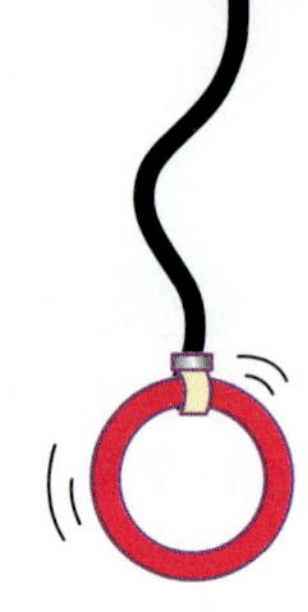

6 비행기

▶ 이 글을 중국 사람에게 펴서 보여 주세요.

我是来旅游的。
语言不通有很多困难。
请回答一下下面的问题。

저는 여행객입니다.
말이 통하지 않아 곤란합니다.
아래 질문에 대답해 주십시오.

 베이징에 가는 비행기편이 있습니까?
有去北京的航班吗?

| 深圳 | 션쩐 | 烟台 | 옌타이 |
| 厦门 | 샤먼 | 成都 | 청뚜 |

☞ 有去＿＿＿＿＿＿＿＿＿＿＿的航班吗?

 칭다오에 가는 비행기가 하루에 몇 편있습니까?
到青岛的飞机一天有几班?

| 天津 · 一个星期 | 티엔진 · 일주일 |
| 长春 · 下午 | 장춘 · 오후 |

☞ 到＿＿＿＿＿＿的飞机＿＿＿＿＿＿有几班?

 **3**

2시에 샹하이에 가는 비행기의 좌석이 아직 있습니까?
两点去上海的飞机还有座位吗?

今天下午	오늘 오후	晚上	저녁
下星期三	다음주 수요일	明天早上	내일 아침

 ＿＿＿＿＿＿＿＿＿＿去上海的飞机还有座位吗?

 **4**

몇 kg 까지 가져갈 수 있습니까?
我能带多少公斤行李?

⇨ 20kg 입니다.
20 公斤。

 ＿＿＿＿＿＿＿＿＿＿＿＿＿＿＿＿＿公斤。

 **5**

꽝조우행 비행기는 어디서 탑니까?
请问去广州的飞机在哪儿登机?

⇨ 5번 탑승구입니다.
5号登记口。

 ＿＿＿＿＿＿＿＿＿＿＿＿＿登记口。

 **6**

언제 탑승할 수 있습니까?
我什么时候可以登机?

⇨ 15분 후입니다.
15分钟以后。

 ＿＿＿＿＿＿＿＿＿＿＿＿＿＿＿钟以后。

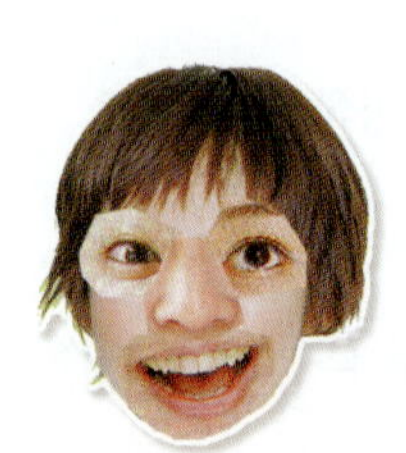

공항 버스	지창빤처	机场班车

공항에 가는 버스가 있습니까?
有去机场的班车吗?
요 취 지창 더 빤처 마

예약	위띵	预订

CA항공413편을 예약하고 싶습니다.
我想预订CA413航班.
워 샹 위띵 씨에이 쓰야오싼 항빤

2시에 베이징에 가는 비행기의 좌석이 아직 있습니까?
两点去北京的飞机还有座位吗?
량 디엔 취 베이징 더 페이지 하이요 쭈어웨이

우루무치행 비행기표를 한 장 주십시오.
我想买一张去乌鲁木齐的机票。
워 샹 마이 이 장 취 우루무치 더 지퍄오

샹하이가는 다음 비행기 편은 언제 있습니까?
下一班去上海的航班什么时候起飞?
샤 이빤 취 샹하이 더 항빤 선머스호우 치페이

광쩌우 연결편이 있습니까?
有去广州的联程航班吗?
요 취 꽝쩌우 더 리엔청항빤 마

이것은 직항입니까?
这是直达的航班吗?
쩌 스 즈따 더 항빤 마

| 이륙하다 | 치페이 | 起飞 |

몇 시에 이륙합니까?
什么时候起飞?
선머스호우 치페이

당신의 탑승권입니다.
这是您的登机牌。
쩌 스 닌 더 떵지파이

이것은 나의 여권과 비행기표입니다.
这是我的护照和机票。
쩌 스 워 더 후자오 허 지퍄오

몇 시까지 탑승 수속을 합니까?
到什么时候办登记手续?
따오 선머스호우빤떵지 쇼우쉬

비행기번호가 몇 번입니까?
航班班次是多少?
항빤빤츠 스 뛰샤오

언제 도착합니까?
什么时候能到?
선머스호우 넝 따오

버스	公共汽车	꽁공치처
소형버스	小公共汽车	샤오꽁공치처
관광버스	游览车	요우란처
야간버스	夜车	예처
장거리버스	长途汽车	창투치처
공항버스	机场班车	지창빤처
버스정류장	公共汽车站	꽁공치처잔
주차장	停车场	팅처창
기사	司机	쓰지
매표원	售票员	쇼우퍄오위엔
매표소	售票处	쇼우퍄오추
차표	车票	처퍄오
좌석	座位	쭈어웨이
첫차	头班车	토우빤처
막차	末班车	모빤처
시각표	时刻票	스커퍄오
딱딱한 좌석	硬坐	잉쭤
부드러운 좌석	软坐	롼쭤
침대칸	卧铺	워포
따딱한 침대	硬卧	잉워
부드러운 침대	软卧	롼워
침대칸의 상단	上铺	샹푸
침대칸의 중간단	中铺	쭝푸

침대칸의 하단	下铺	샤푸
기차	火车	훠처
철도	铁路	티에루
예매	预售	위쇼우
식당차	餐车	찬처
특급열차	特快	터콰이
급행열차	快车	콰이처
완행열차	慢车	만처
여행열차	游车	요우처
금연석	禁烟席	진옌시
흡연석	吸烟席	시옌시
왕복	往返 / 来回	왕판 / 라이후이
출발역	始发站	스차디엔
종착역	终点站	쫑디엔짠
차장	车长	처장
역	车站	처잔
편도표	单程票	딴청퍄오
왕복표	往返票	왕판퍄오
취소	取消	취샤오
변경	更换	껑환
확인	确认	취에런
도착하다	到达	따오다
출발하다	出发	추파

우마차

앗! 도심 한 가운데 웬 노새가?
세계의 도시 베이징에서는 일출시에 우마
차통행을 금지하지만, 일몰시에는 통행할
수 있다. 간혹, 생선이나 과일 등을 싣고
팔러 다니는 상인들을 볼 수 있다.

站牌　　버스 안내 표지판

버스안내 표지판

중국은 우리 나라와 달리 버스 노선에 따라 표지
판이 조금씩 거리를 두고 떨어져 있으므로 타야
할 버스번호를 정확히 알고 표지판을 찾아보도
록 해야 한다.

계몽표어

我是文明北京人　照章守法不越线

"나는 문명의 베이징인입니다.
법을 준수하고 무단횡단을 하지 않습니다."
라는 뜻의 계몽 표어이다.
지역에 무단횡단 적발시 범칙금이 부과되기
도 하고, 한 구석에서 국가를 부르거
나 신호에 따라 깃발을 올리고
내리는 등의 조금은 애교스러
운 벌칙을 가하고 있지만, 여
전히 베이징은 무단 횡단의 천
국이라고 할 수 있을 만큼 많은
사람들이 무단횡단을 하고 있다.

公共汽车　　시내버스

점점 현대적이고 깨끗해지고 있는 베이징의
시내 버스..

베이징 시내버스

　　우리 나라 버스와 같은 모양의 이런 버
스들은 구간에 따라 0.5 원에서
2 원의 요금을 받고 있다. 특이
한 것은 버스안내원이 탑승해
있어 승객이 탄 정류장과 내릴
정류장을 물어보고 버스 요금을 알려준다.

버스표

电车　　트롤리버스

베이징의 버스 노선은 번호에 따라
시내전용노선과 시내·외 연결노선
등으로 구별된다. 시내전용의 경우
대부분 파란색 차량으로 0.5 원(단일
제)이며, 시내·외 연결 노선의 경우
0.5 원에서 2 원까지 차이가 있으며,
대부분은 빨간색 차량이다.

트롤리 버스

미니버스

小公共汽车　　미니버스

원래 이런 종류 버스들의 장점은 어디서
나 손을 들고 타고 어디서나 세워준다
는 것인데, 최근에는 도시 환경 및 교통
법규의 단속으로 버스 정류장을 철저히
지키고 있다.

장거리 2 층 버스

워낙 넓은 땅덩어리 때문에 중국에는 장거리
버스도 보편적으로 이용되고 있으며 이는
대부분 2 층 침대차이다. 그다지 청결하지
못하고 안전하지 못하다.

地铁出口　　지하철 입구

요금은 전구간 2원이며, 표는 작은 종이조각으로 탑승구에서 역무원에게 내야 한다.
현재 중국의 지하철은 노선이 매우 단순하며 시설도 낙후되어있으나, 2008년 올림픽개최를 위해 공항-도심 구간등 지하철 건설 노선 확장을 계획하고 있다.

出租车　　택시

역이나 터미날 앞에서 호객하는 택시를 흔히 볼 수 있다. 택시 요금은 지방에 따라 크게 차이가 나며 베이징의 경우 기본 요금은 택시에 따라 달라서 10원~16원 정도이며, 소도시의 경우는 5원 정도이다.
요금도 1km당 1.0~1.6원씩 가산되며, 우리와 같은 거리시간 병산제이다. 특이한 것은, 기사들의 안전을 위하여 기사와 승객사이에 방범창이 있으며 합승을 하지 않고 영수증을 발급한다.

자전거 보관소

营业时间 8:00-21:00 (영업시간 8:00-21:00)
收费标准 (표준가격)
· 普通车 0.2元 / 次 (일반 자전거 0.2원/회)
· 山地车 0.3元 / 次 (싸이클 0.3원/회)

상점이나 관공서 앞 등에 자전거 주차장이 있으며 대부분은 유료이다.
관리인들이 있어 자전거를 정리하며, 시간에 관계없이 횟수에 따라 자전거를 찾아갈 때 주차비를 지불한다. 개방된 곳이기 때문에 영업시간이후에도 자전거를 찾아갈 수 있다. 오토바이는 일반적으로 0.5원이다.

北京站　　베이징역

예전엔 베이징역 앞은 각 지방에서 갓 상경한 갈 곳 없는 노숙자들과 기차표를 구하지 못한 가난한 노동자들의 휴식처로 북새통을 이루었으나, 최근에는 심해진 단속으로 한산하고 깨끗해졌다. 베이징에는 베이징역외에도 베이징북역, 베이징서역, 베이징남역 등이 있으므로 사전에 정확히 확인하는 것이 좋다.

베이징역

매표소

노선에 따라 창구가 달라지며 환불처는 따로 있다. 표를 구입할 때는 장소, 날짜, 매수 , 원하는 표의 종류 등을 정확히 말해야 하며 말하기 어려운 경우 종이에 적어주면 되므로 걱정 끝! 여행자는 호텔이나 여행사 등에서 약간의 수수료를 주고 대리로 구매를 하는 편이 좋다.

매표소

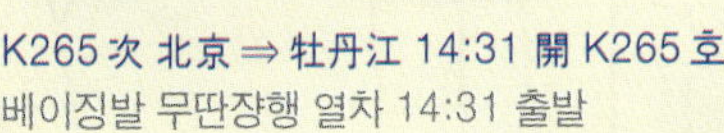
짐 보관소

行李寄存　　짐 보관소

짐을 보관해 둘 수 있는 곳으로 많지는 않지만 무딴쟝전철이나 기차역 등에서 이용할 수 있다.

무딴쟝행 열차

K265 次 北京 ⇒ 牡丹江 14:31 开 K265 호
베이징발 무딴쟝행 열차 14:31 출발

친구를 송별할 때는 역내입장권(站台票)을 끊으면 플랫폼까지 들어갈 수 있다. 사전에 표를 미리 구입하지 못했을 경우 역시 역내입장권을 사서 일단 승차한 후 열차 안에서 표를 구입할 수 있다. 좌석이 없을 경우 식당칸을 이용할 수도 있으며, 외국인의 경우 대부분 열차원들이 특별히 관심을 가져주므로 좌석을 확보할 수 있다.

登记
CHECK IN
退房
CASHER
떵지
접수처
(체크인)
투이팡
체크아웃
公用电话
꽁용뗀화
공중전화
早餐券
자오찬취엔
조식권
钥匙
야오스
열쇠
住宿登记卡
쭈수떵지카
숙박카드
大厅
따팅
로비

小卖部
샤오마이뿌
매점
호텔
电梯
띠엔티
엘리베이터
欢迎光临
환잉꽝린
어서오십시오
★★★★★
行李员
싱리위엔
짐 날라주는 사람
门童
먼통
도어맨
换钱
환치엔
환전
外币兑换
2001

1 체크인

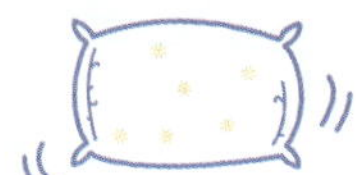

▶ 이 글을 중국 사람에게 펴서 보여 주세요.

1 여기 **빈** 방이 있습니까?
这里有**空房**吗?

单人间	싱글룸	双人间	트윈룸
多人房	도미트리	有阳台的房间	테라스가 있는

👉 这里有＿＿＿＿＿＿＿＿＿＿吗？

2 **하루** 밤을 묵으려고 합니다.
我要住**一夜**。

两天	이틀	三四天	삼사일
一个星期	일주일	五天	오일

👉 我要住＿＿＿＿＿＿＿＿＿＿。

3 선금을 지불해야 합니까?
要交订金吗?

⇨ 해야합니다. / 하지 않아도 됩니다.
要。 / 不要。

| 押金 | 보증금 | 服务费 | 서비스요금 |
| 小费 | 팁 | 早餐费 | 아침식사비 |

☞ 要交 ＿＿＿＿＿＿＿＿＿＿＿＿＿＿＿＿ 吗?

4 여기에 무엇을 써야 합니까?
这里要写什么?

⇨ 이름을 쓰십시오.
写您的姓名。

| 护照号码 | 여권번호 | 英文姓名 | 영문이름 |
| 出生日期 | 생년월일 | 来店时间 | 호텔도착날짜 |

☞ 写您的 ＿＿＿＿＿＿＿＿＿＿＿＿＿＿＿＿ 。

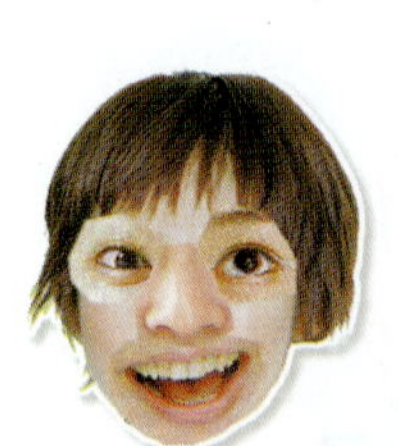

보고 바로 쓰는 말! 말! 말!

8월 3 일부터 5 일까지 빈 방이 있습니까?
8月 3 号到 5 号有房间吗？
빠 위에 싼 하오 따오 우 하오 요 팡지엔 마

예약을 하려고 합니다.
我 想 预定 房间。
워 샹 위띵 팡지엔

서울에서 이미 예약하였습니다.
在 汉 城 已 经 预定 好 了。
짜이 한청 이징 위띵 하오 러

싱글룸을 하나 예약하려고 합니다.
我 想 订 一 间 单 人 房。
워 샹 띵 이 지엔 딴런팡

나는 3 일동안 머무르려고 합니다.
我 打 算 住 三 天。
워 따쏸 주 싼 티엔

하루에 얼마입니까?
一 天 多 少 钱？
이티엔 뚸샤오 치엔

제일 싼 방이 얼마입니까?
最便宜的多少钱？
쭈이 피엔이 더 뚸샤오 치엔

좀더 싼 방이 있습니까?
有便宜一点儿的吗？
요 피엔이 이뎔더 마

싼 방으로 주십시오.
给我便宜点儿的房间。
게이 워 피엔이뎔 더 팡지엔

방	팡지엔	房间

방을 볼 수 있습니까?
我可以看看房间吗？
워 커이 칸칸 팡지엔 마

이 방이 마음에 들지 않습니다.
我不喜欢这间。
워 뿌 시환 쩌 지엔

여긴 너무 어둡습니다.
这儿太暗。
쩔 타이 안

방이 좋습니다.
这间很好。
쩌 지엔 헌 하오

조용한 방을 주십시오.
我要安静的房间。
워 야오 안징 더 팡지엔

바다가 보이는 방을 주십시오.
我要朝着海的房间。
워 야오 차오저 하이 더 팡지엔

바다가 보이는 방을 주십시오.
我要朝着海的房间。

옆 방이 너무 시끄럽습니다.
我隔壁的房间太吵。

조금 큰 방이 좋습니다.
我要再大一点儿的房间。

더 싼 방이 있습니까?
有没有便宜一些的房间？

방이 너무 덥습니다.
房间太热。

방을 바꾸고 싶습니다.
我要换房间。

방에 TV가 있습니까?
房间里有电视机吗？

뜨거운 물은 하루 종일 나옵니까?
热水一天都有吗？

귀중품을 맡길 수 있습니까?
可以存贵重物品吗？

잘 보관해 주십시오.
请保管好。

아침 식사가 포함되어 있습니까?
包括早餐吗?
빠오쿼 자오찬 마

몇 시까지 체크아웃을 하면 됩니까?
可以到几点退房?
커이 따오 지디엔 떵지

숙박부에 기재해 주십시오
请登记一下。
칭 떵지 이샤

여권번호를 여기에 써 주십시오.
护照号码填在这儿。
후자오하오마 티엔 짜이 쩔

여기에 싸인 해 주십시오.
请在这儿签名。
칭 짜이 쩔 치엔밍

제 방이 몇 호입니까?
我的房间号码是多少?
워 더 팡지엔 하오마 뚸샤오

시설이용

我是来旅游的。
语言不通有很多困难。
请回答一下下面的问题。

저는 여행객입니다.
말이 통하지 않아 곤란합니다.
아래 질문에 대답해 주십시오.

1 프런트가 어디입니까?
服务台在哪儿?

⇨ 저쪽입니다.
　在那儿。

电梯	엘리베이터	手扶梯	에스컬레이터
楼梯	계단	卫生间	화장실
游泳池	수영장	洗衣店	세탁소

 ________________________ 在哪儿?

➊ 호텔내 수영장

 **2**

여기에 **이발소**가 있습니까?
这里有**理发店**吗?

➡ 있습니다./없습니다.
　有。/ 没有。

| 商务中心 | 비즈니스센타 | 咖啡厅 | 커피숍 |
| 公用电话 | 공중전화 | 韩国餐厅 | 한국음식점 |

这里有_________________________ 吗?

 **3**

식당은 몇 시에 문을 엽니까?
餐厅几点开门?

➡ 오전 6시 30분입니다.
　早上六点半。

| 酒巴 | 바 | 商店 | 상점 |
| 健身房 | 헬스크럽 | 舞厅 | 나이트크럽 |

_________________________ 几点开门?

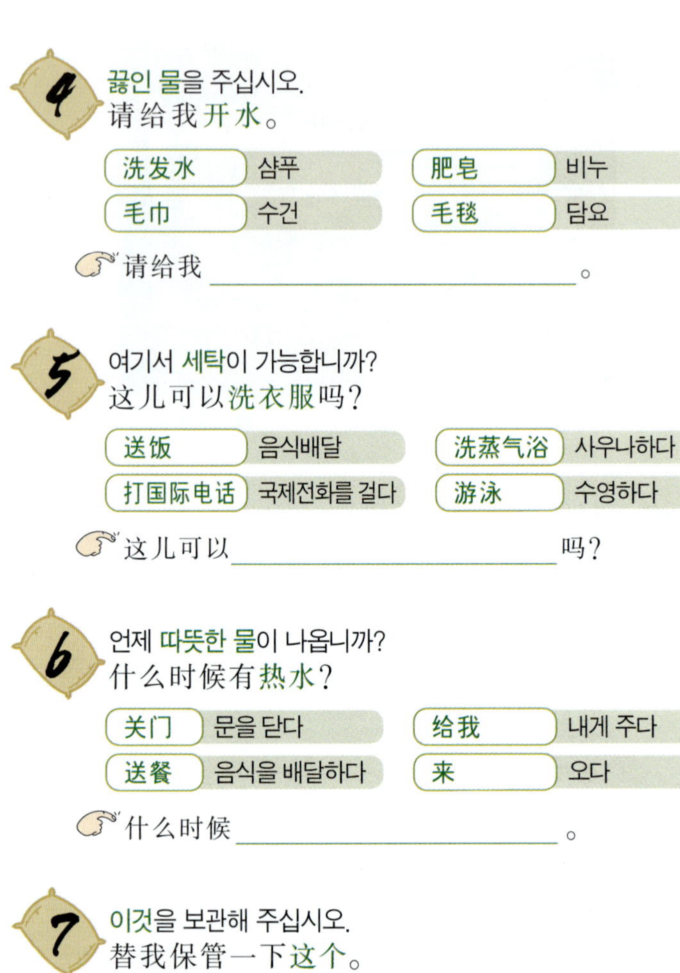

4 끓인 물을 주십시오.
请给我开水。

| 洗发水 | 샴푸 | 肥皂 | 비누 |
| 毛巾 | 수건 | 毛毯 | 담요 |

请给我 ＿＿＿＿＿＿＿＿＿＿＿＿ 。

5 여기서 세탁이 가능합니까?
这儿可以洗衣服吗?

| 送饭 | 음식배달 | 洗蒸气浴 | 사우나하다 |
| 打国际电话 | 국제전화를 걸다 | 游泳 | 수영하다 |

这儿可以 ＿＿＿＿＿＿＿＿＿＿＿＿ 吗?

6 언제 따뜻한 물이 나옵니까?
什么时候有热水?

| 关门 | 문을 닫다 | 给我 | 내게 주다 |
| 送餐 | 음식을 배달하다 | 来 | 오다 |

什么时候 ＿＿＿＿＿＿＿＿＿＿＿＿ 。

7 이것을 보관해 주십시오.
替我保管一下这个。

| 钥匙 | 열쇠 | 钱包 | 지갑 |
| 贵重物品 | 귀중품 | 包 | 가방 |

替我保管一下 ＿＿＿＿＿＿＿＿＿＿＿＿ 。

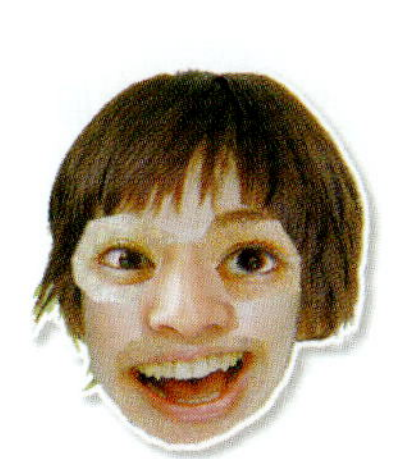

보고 바로 쓰는 말! 말! 말!

공중전화가 어디 있습니까?
公用电话在哪儿？
꽁용떼화 짜이 날

공중전화카드를 어디서 삽니까?
电话卡在哪儿买？
떼화카 짜이 날 마이

전화카드가 얼마입니까?
电话卡多少钱？
떼화카 뚸 샤오 치엔

우표를 팝니까?
这儿卖邮票吗？
쩔 마이 요퍄오 마

저한테 온 편지가 있습니까?
有我的信吗？
요 워 더 신 마

저에게 온 메모가 있습니까?
有给我的留言吗？
요 게이 워 더 류엔 마

세탁 가능합니까?
这儿可以洗衣服吗?
쩔 커이 시 이푸 마

하나에 얼마입니까?
一件多少钱?
이 지엔 뚸샤오 치엔

언제까지 가능할까요?
什么时候能洗好?
선머스호우 넝 시 하오

오늘 저녁까지 가능할까요?
到今晚可以吗?
따오 진완 커이 마

가능한한 빨리 해 주십시오.
请尽早给我洗好。
칭 진 자오 게이 워 시 하오

이 옷을 드라이 해 주십시오.
请把这件衣服干洗。
칭 바 쩌 지엔 이푸 깐시

이발소 · 미용실　리파디엔 · 메이롱팅　理发店 · 美容厅

이 안에 이발소가 있습니까?
这儿有理发店吗?
쩔 요 리파디엔 마

커트 해 주십시오.
我想剪发。
워 상 지엔파

팩스를 보낼 수 있습니까?
可以发传真吗?
커이 파 촨쩐 마

팩스를 받을 수 있습니까?
可以收传真吗?
커이 쇼우 촨쩐 마

제 팩스가 오면 알려 주십시오.
有我的传真，请告诉我。
요우 워 더 촨쩐 칭 까오수 워

제가 적겠습니다.
我记一下。
워 지 이샤

국제전화를 걸 수 있습니까?
可以打国际电话吗?
커이 따 궈지뗸화 마

통화중입니다.
占线。
잔시엔

불통입니다.
打不通。
따부퉁

시내지도가 있습니까?
有市内地图吗?
요우 스네이 띠투 마

룸서비스

▶ 이 글을 중국 사람에게 펴서 보여 주세요.

我是来旅游的。
语言不通有很多困难。
请回答一下下面的问题。

저는 여행객입니다.
말이 통하지 않아 곤란합니다.
아래 질문에 대답해 주십시오.

- -

1

프런트데스크입니까?
是服务台吗?

| 餐厅 | 식당 | 洗衣店 | 세탁소 |
| 咖啡厅 | 커피숍 | 小卖部 | 간이매점 |

 是 ________________________ 吗?

2

423 호실입니다.
我是四二三房间。

| 一二零五 | 1205 호 | 七一四 | 714 호 |
| 五零九 | 509 호 | 一二一 | 121 호 |

 我是 ________________________ 房间。

3

텔레비전이 고장났습니다.
电视机坏了。

| 收音机 | 라디오 | 空调 | 에어콘 |
| 暖气 | 히터 | 窗户 | 창문 |

____________________机坏了。

4

내일 아침 6시에 모닝콜을 부탁합니다.
明天早上六点请叫醒我。

| 七点半 | 7시반 | 十一点 | 11시 |
| 五点二十 | 5시 20분 | 九点 | 9시 |

____________________请叫醒我。

5

열차시간을 알려주십시오.
请告诉我列车时间。

| 兑换率 | 환율 | 飞机时刻表 | 비행기시각표 |
| 这儿的地址 | 여기 주소 | 韩国国家号码 | 한국국가번호 |

请告诉我____________________。

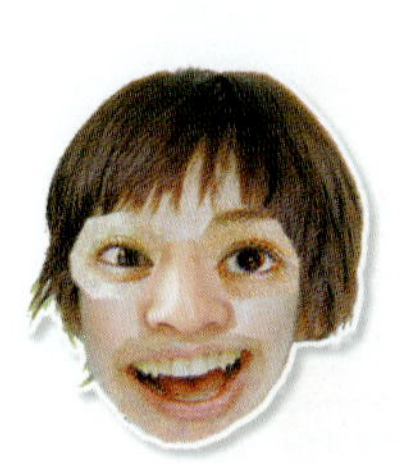

보고 바로 쓰는

말! 말! 말!

텔레비젼의 화면이 나오지 않습니다.
电视没有画面。
띠엔스 메이요 화미엔

텔레비젼이 소리가 나지 않습니다.
电视没有声音。
띠엔스 메이요 셩인

열쇠가 고장났습니다.
钥匙坏了。
야오스 화이 러

수리 해 주십시오.
请给我修理好吗?
칭 게이 워 시우리 하오 마

열쇠를 방에 두었습니다.
我把钥匙忘在房间里了。
워 바 야오스 왕짜이 팡지엔 리 러

뜨거운 물이 나오지 않습니다.
没有热水。
메이 요 러수이

히터가 고장났습니다.
暖气坏了。
놘치 화이 러

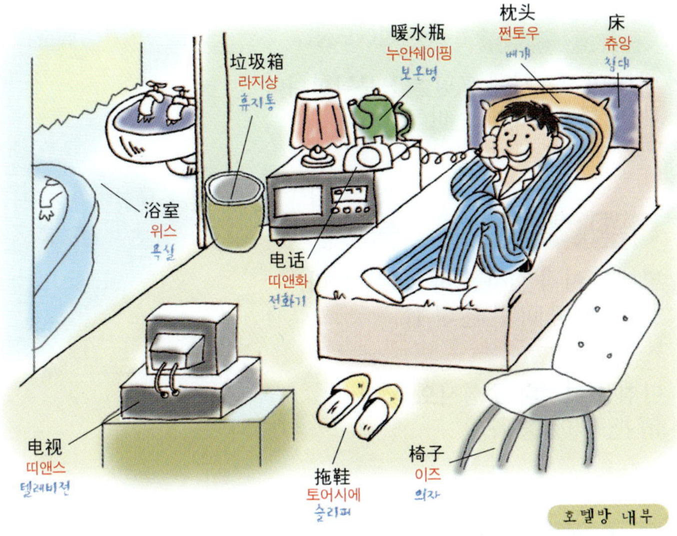

방열쇠를 잃어버렸습니다.
我丢了房间的钥匙。
워 띠우러 팡지엔 더 야오스

청소 해 주십시오.
请打扫房间。
칭 따사오 팡지엔

얼마나 걸립니까?
需要多长时间?
쉬야오 뚸창 스지엔?

되도록 빨리 해 주십시오.
尽量快点儿。
진량 콰이뎔

방해하지 마십시오.
请勿打扰。
칭 우 다라오

내일 아침 6시에 모닝콜을 부탁합니다.
明天早上六点请叫醒我。
밍티엔 자오샹 류디엔 칭 쟈오싱 워

방에서 아침 식사를 하고 싶습니다.
我要在房间里吃早餐。
워 야오 짜이 팡지엔 리 츠 자오찬

아침을 가져다 주십시오.
请把早饭送来。
칭 바 자오판 쏭 라이

한국으로 국제 전화를 하고 싶습니다.
我想往韩国打国际电话。
워 샹 왕 한궈 궈지뗸화

1분에 얼마입니까?
电话费一分钟多少钱？
뗸화페이 이 펀 중 뚸샤오 치엔

체크아웃

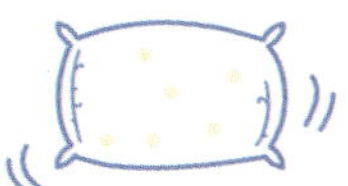

我是来旅游的。
语言不通有很多困难。
请回答一下下面的问题。

저는 여행객입니다.
말이 통하지 않아 곤란합니다.
아래 질문에 대답해 주십시오.

1 신용카드로 지불해도 됩니까?
可以用信用卡付钱吗?

⇨ 가능합니다. / 불가능합니다.
　可以。 / 不可以。

现金	현금	旅行支票	여행자수표
韩币	한화	美元	달러

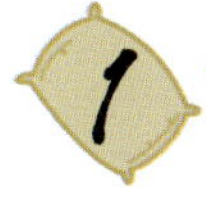 可以用＿＿＿＿＿＿＿＿＿付钱吗?

2 몇 시까지 체크아웃을 해야합니까?
到几点必须退房?

⇨ 12 시까지입니다.
　到 12 点。

<O 로비

3 이것은 무슨 비용입니까?
这是什么费用？

➪ 봉사료입니다.
服务费。

| 市内电话费 | 시내전화비 | 长途电话费 | 장거리전화비 |
| 早餐费 | 아침식사비용 | 饮料费用 | 음료수값 |

 ___________________________________ 。

4 하루 더 묵을 수 있을까요?
再住一天，可以吗？

| 两天 | 이틀 | 一个星期 | 일주일 |
| 一个月 | 한달 | 五天 | 닷새 |

再住 ___________________，可以吗？

5 체크아웃을 하려고 합니다.
我要退房。

 ___________________________________ 。

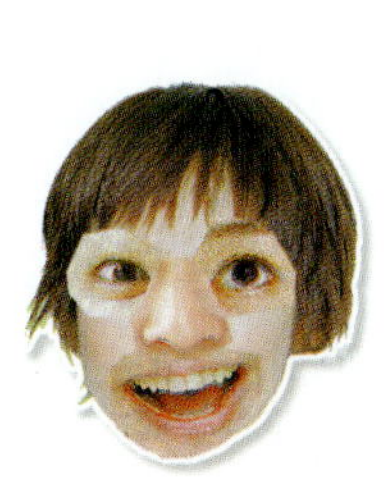

보고 바로 쓰는 말! 말! 말!

이 짐을 12시까지 보관 해 주십시오.
请把这件行李保管到 12 点。
칭 바 쩌 지엔 싱리 바오관 따오 스얼 디엔

물건을 방에 두고 왔습니다.
我把东西落在房间里了。
워 바 똥시 로어짜이 팡지엔 리 러

계산서를 주십시오.
请给我帐单。
칭 게이 워 장딴

잘 못 된 것 같습니다.
好象不对。
하오샹 부뚜이

이것은 무슨 비용입니까?
这是什么费用?
쩌 스 선머 페이용

택시를 불러 주십시오.
请叫一辆出租车。
칭 쟈오 이 량 추주처

한 두시간 늦게 체크 아웃을 해도 될까요?
晚一两个小时退房可以吗?
완 이 량 거 샤오스 투이팡 커이 마

하루	一天	이티엔
몇 일	几天	지티엔
최소 5일	最少五天	쭈이샤오우티엔
춥다	冷	렁
덥다	热	르어
어둡다	暗	안
작다	小	샤오
시끄럽다	吵	차오
성 / 이름	姓/名	싱/밍
국적	国籍	궈지
직업	职业	즈예
출생연월일	出生年月日	추성니엔위에르
여권번호	护照号码	후자오하오마
본적	籍贯	꽌지
장소	地点	띠디엔
일자	日期	르치
서명	签名	치엔밍
숙박부	住宿登记表	쭈수떵지퍄오
오늘저녁	今晚	찐완
내일	明天	밍티엔
일요일전에	星期天以前	싱치티엔이치엔
고치다	修理	시우리
꿰매다	缝	펑

드라이크리닝	干洗	깐시
물세탁	水洗	수이시
면도	刮胡刀	꽈후따오
수건	毛巾	마오진
비누	肥皂	페이자오
샴푸	洗发水 / 香泼	시파수이 / 샹포
린스	润丝	룬쓰
재떨이	烟灰缸	옌후이깡
보온병	暖水瓶	눤수이핑
휴지	卫生纸	웨이셩즈
쓰레기통	垃圾箱	라지샹
유리컵	玻璃杯	뽀리뻬이
컵	杯子	뻬이즈
차	茶叶	차이예
광천수	矿泉水	쾅취엔수이
TV	电视	띠엔스
라디오	收音机	쇼우인지
에어컨	空调	콩탸오
히타	暖气	눤치
팁	小费	샤오페이
침대카바	床单	촹딴
베개	枕头	전토우
담요	毛毯	마오탄

호텔 투숙카드

奥林匹克饭店 住房卡
올림픽호텔의 투숙카드

北京六合兴饭店管理公司
베이징육합흥호텔관리공사

모든 투숙 수속을 마치면 카드키와 투숙카드를 받게 되는데 이 카드에는 투숙자 이름 객실 번호 등이 있으며 체크 아웃시 반납해야하며 곳에 따라서는 기념품으로 가져올 수도 있다.

임시숙박등기표

临时住宿登记表　임시숙박등기표

체크인할 때 작성하는 표로 이름, 생년월일, 주소, 여권 번호, 비자 등에 관해 기재하여야 하며 일반적으로 영어가 병기되어 있기 때문에 그다지 걱정하지 않아도 된다.

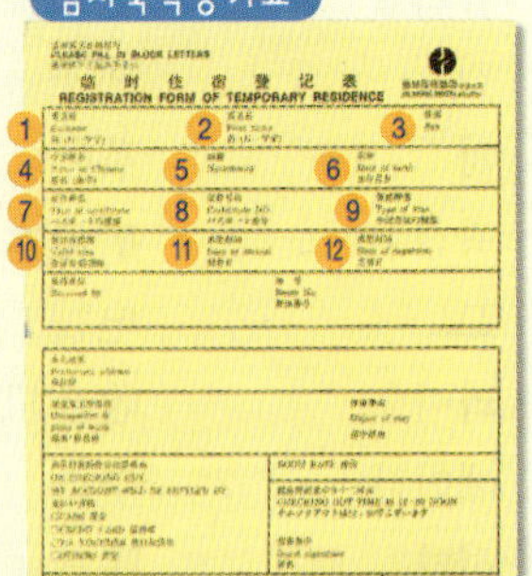

1	英文姓	성(영문)	7	证件种类	여권종류
2	英文名	이름(영문)	8	证件号码	여권번호
3	性别	성별	9	签证种类	비자종류
4	中文姓名	성과 이름(한자)	10	签证有效期	비자유효기간
5	国籍	국적	11	来店时间	도착시간
6	生年月日	생년월일	12	离店时间	출발시간

请清理我的房间　제 객실을 청소해주십시오

일반적으로 이 팻말을 붙여 두지 않아도 객실 정리를 해 주는 것이 관례지만 고객과의 미팅 또는 특별한 이유로 신속한 정리정돈을 원할 경우 밖의 문고리에 걸어두면 된다.

침대시트 교환 서비스

시트(침대보)의 교환을 원할 경우 이 카드를 베개 위에 올려두면 교환 해 준다.

送餐服务菜单

음식배달 룸서비스

1 沙律　샐러드
2 汤　　스프

所有价格　附 15% 服务费
모든 가격에는 15%의 서비스요금이 별도 부과됩니다.

호텔마다 룸서비스가 준비되어 있으며, 호텔에 따라 세탁, 우편, 차표 예매, 환전 등의 서비스를 하기도 한다.

商务中心　　비즈니스센타

营业时间 : 영업시간

비즈니스 센타에서는 인터넷, 팩스, 전화 등을 이용할 수 있으며 이외에 우표, 전화카드, 시내지도 등을 구입할 수 있다.

茉莉花茶　　자스민차

호텔에서 무료로 제공하는 자스민차.
차를 즐겨 마시는 중국사람들의 습관에 따라 일반적으로 모든 호텔에서 자스민차, 녹차등을 무료로 비치해 두고 있다.

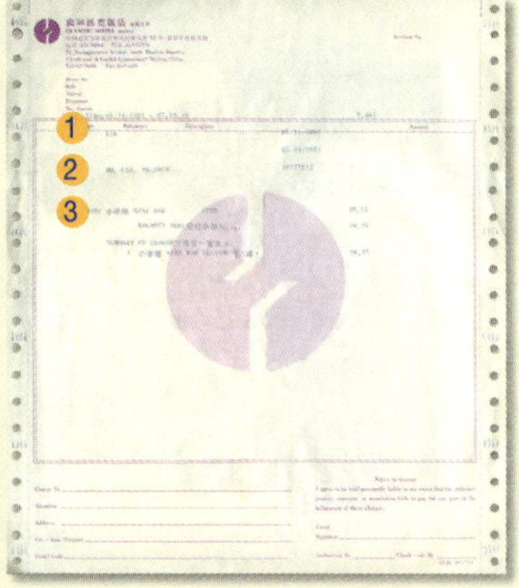

체크아웃시 영수증

1. 小冰箱　　　미니바 사용 영수증
2. 应付余额　　계산해야할 금액
3. 帐目一览表　항목리스트

될 수 있으면 물은 편의점 등에서 사다 냉장고에 넣어 두고 마시며, 수도에서 나오는 물은 바로 마시지 않도록 한다. 혹시 국제 전화요금이나 중국 국내 전화를 이용했다면 이때 사용요금도 함께 청구된다.

가라오케

주로 호텔 근처에 있으며 가라오케나 노래방으로 표현되어있는 유흥업소로 우리의 단란주점과 비슷하며, 가격은 흥정하기에 따라 변동이 심하고 별도의 팁을 요구하는 곳이 대부분이다.

야외 오락실

길거리나 공원 등의 공간에 놀이시설을 갖추어놓고 투숙객을 상대로 영업하고 있다

旅馆   여관

중국의 숙박시설은 크게 성급 호텔, 여관, 초대소 등으로 나뉘며 체크인시 반드시 여권이 필요하다. 외국인들은 안전 등의 이유로 여관이나 초대소에 묵을 수 없는 것이 원칙이다.

食品
国营
스핀
식품
餐厅
찬팅
식당
北平楼
STARBUCKS COFFEE
咖啡
커피점
카페테리아
茶馆
음식점
串
꼬치
火锅(回/川)이
훠궈이

食品小卖部
스핀샤오마이뿌
식품가판대
餐厅
찬팅
식당
天友家常菜
汉堡包
한바오
햄버거
小吃
샤오츠
분식

1 식사

▶ 이 글을 중국 사람에게 펴서 보여 주세요.

我是来旅游的。
语言不通有很多困难。
请回答一下下面的问题。

저는 여행객입니다.
말이 통하지 않아 곤란합니다.
아래 질문에 대답해 주십시오.

1 이 근처에 한국음식점이 있습니까?
这儿附近有韩国餐厅吗?

西餐厅	양식당	快餐	패스트푸드
上海菜馆	샹하이음식점	四川菜馆	쓰촨음식점

这儿附近有＿＿＿＿＿＿＿＿＿＿吗?

2 배가 고픕니다.
我饿了。

渴	목이 마르다	饱	배가 부르다

我＿＿＿＿＿＿＿＿＿＿了。

3 물 한 잔만 주십시오.
请给我一杯水。

一碗米饭	밥 두 그릇	一碗面条	면 한 그릇
一双快子	젓가락 한 쌍	餐巾纸	냅킨

☞ 请给我 ________________ 。

4 맵습니까?
辣不辣?

甜	달다	咸	짜다
酸	시다	麻	떫다

☞ ________ 不 ________ ?

5 다른 식당이 있습니까?
有别的餐厅吗?

饮料	음료	菜	음식
面条	면류	种类	종류

☞ 有别的 ________________ 吗?

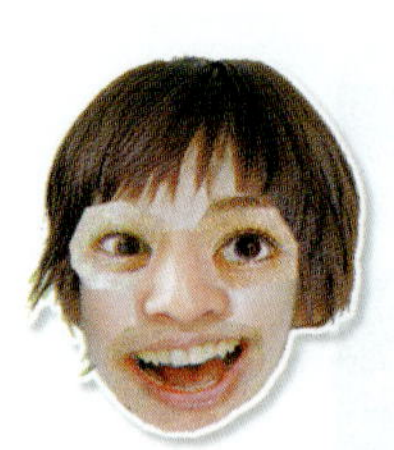

보고 바로 쓰는 말! 말! 말!

배고프십니까?
你饿吗?
니 으어 마

좋은 음식점 한 곳만 소개 해 주십시오.
给我介绍一家好餐厅。
게이 워 지에샤오 이 지아 하오 찬팅

이 호텔에서 제일 요리 잘 하는 음식점을 소개 해 주세요.
请介绍一下这饭店里味道最好的餐厅。
칭 지에샤오 이샤 쩌 판디엔 리 웨이다오 쭈이 하오 더 찬팅

한국음식점은 어디에 있습니까?
韩国餐厅在哪儿?
한궈찬팅 짜이 날

이 근처에 유명한 양식당이 있습니까?
这附近有没有有名的西餐厅?
쩌 푸진 요메이요 요우밍 더 시찬팅

근처에 값이 저렴한 음식점이 있습니까?
这附近有便宜一点儿的餐厅吗?
쩌 푸진 요 피엔이 이뎔 더 찬팅 마

다른 음식점이 있습니까?
有别的餐厅吗?
요 비에더 찬팅 마

창 가쪽으로 예약하겠습니다.
我要预订靠窗的座位。
워 야오 위띵 카오촹더 주어웨이

모두 세 사람입니다.
一共三个人。
이공 싼거런

정장을 입지 않아도 됩니까?
不穿西服也可以吗?
부촨 시푸 예 커이 마

룸으로 주십시오.
请给我个单间。
칭 게이 워 거 딴지엔

어서 오십시오.
欢迎光临。
환잉꽝린

좌석이 있습니까?
有没有座位?
요 메이요 주어웨이

창가에 자리가 있습니까?
窗户边儿有坐吗?
촹후별 요 쭈어 마

안 쪽으로 앉으십시오.
请里边坐。
칭 리비엔 주어

종업원!
服务员！
푸우위엔

잠시만 기다리십시오.
请稍等。
칭 샤오덩

웨이트리스(아가씨)!
小姐！
샤오지에

메뉴판을 보여 주십시오.
先把菜单给我看看。
시엔 바 차이딴 게이 워 칸칸

추천 해 주십시오.
你给我推荐一下。
니 게이 워 투이지엔 이샤

이것은 무슨 음식입니까?
这是什么菜？
쩌 스 선머 차이

맛이 어떻습니까?
味道怎么样？
웨이다오 전머양

여기 제일 잘하는 음식이 무엇입니까?
这儿的拿手菜是什么？
쩔 더 나쇼우차이 스 선머

한국 사람의 입맛에 맞는 음식이 있습니까?
有没有适合韩国人口味的菜？
요메이요우 스허 한궈런 코우웨이더 차이

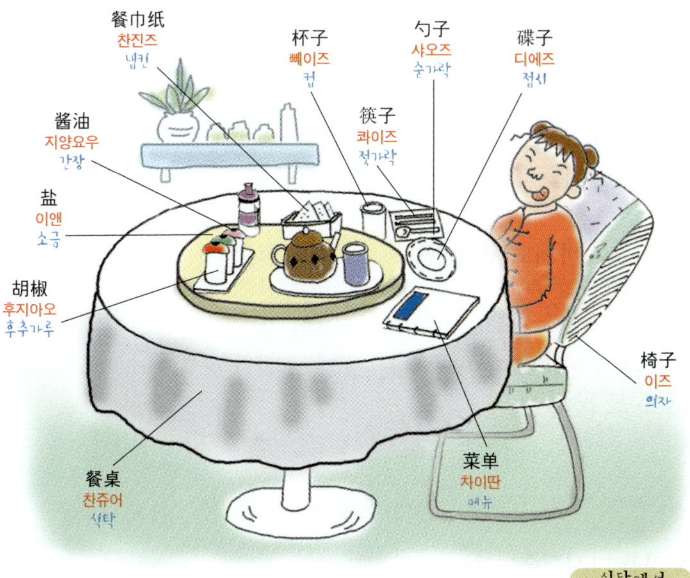

이 음식은 어떻게 먹습니까?
这个菜怎么吃？
쩌 거 차이 전머 츠

저는 밥 한 그릇 먹겠습니다.
我吃一碗米饭。
워 츠 이 완 미판

모자라면 더 주문하겠습니다.
不够再点。
부꺼우 짜이 디엔

더 기다려야 합니까?
还要等吗？
하이야오 덩 마

취소 가능합니까?
可以取消吗?
커이 취샤오 마

⏩ 지금은 안됩니다.
现在不行了。
시엔짜이 뿌 싱 러

다른 걸로 바꿔도 됩니까?
可以换别的吗?
커이 환 비에 더 마

저희가 주문한 것이 아닙니다.
这不是我们点的。
쩌 부스 워먼 디엔 더

무엇을 마시겠습니까?
你喝什么?
니 허 선머

⏩ 콜라 한 병 주십시오.
来一瓶可乐。
라이 이 핑 커러

음료수는 무엇이 있습니까?
有什么饮料?
요 선머 인랴오

⏩ 콜라, 사이다, 야자즙이 있습니다.
有可乐、雪碧、椰子汁。
요 커러, 쉬에삐, 예즈즈

디저트는 무엇이 있습니까?
有什么甜食?
요 선머 티엔스

맥주를 한 병 더 주십시오.
再来一瓶啤酒。
짜이라이 이 핑 피쥬

어떤 음식이 더 필요하십니까?
还要什么菜？
하이야오 선머 차이

빈 접시를 치워주십시오.
请把空盘子拿走。
칭 바 콩판즈 나 조우

많이 드십시오.
请多吃。
칭 뚜어 츠

더 이상 못 먹겠습니다.
吃不下了。
츠 부샤 러

화장실이 어디입니까?
洗手间在哪儿？
시쇼우지엔 짜이 날

▶ 이 글을 중국 사람에게 펴서 보여 주세요.

我是来旅游的。
语言不通有很多困难。
请回答一下下面的问题。

저는 여행객입니다.
말이 통하지 않아 곤란합니다.
아래 질문에 대답해 주십시오.

1 저는 **단 음식**이 먹고 싶습니다.
我 想 吃 甜的。

| 新鲜的 | 신선한 것 | 咸的 | 짠 것 |
| 辣的 | 매운 것 | 蔬菜 | 야채 |

 我 想 吃 ________________。

2 **전채 요리**를 먹겠습니다.
我 想 要 凉菜。

| 牛肉 | 소고기 | 鸡蛋汤 | 계란탕 |
| 炒饭 | 볶음밥 | 海鲜 | 해산물 |

 我 想 要 ________________。

이것은 어떻게 요리한 것입니까?
这是怎么做的？

⇨ **구운 것**입니다.
烤的。

| 炸 | 튀기다 | 腌 | 절이다 |
| 蒸 | 찌다 | 炒 | 볶다 |

☞ ____________________ 。

어떤 술 종류가 있습니까?
这儿有什么酒？

⇨ **백주**가 있습니다.
有白酒。

| 啤酒 | 맥주 | 洋酒 | 양주 |
| 葡萄酒 | 포도주 | 清酒 | 청주 |

☞ 有 ____________________ 。

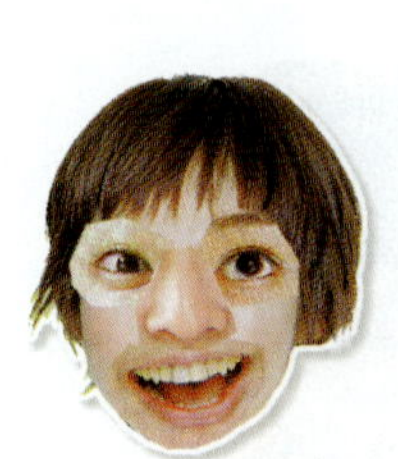

메뉴판	차이딴	菜单

간단히 먹고 싶습니다.
我想吃简单点儿。
워 샹 츠 지엔딴 뎔

전채요리(에피타이저)를 먹고 싶습니다.
我想要一个凉菜。
워 샹 야오 이 거 량차이

죽을 먹고 싶습니다.
我要喝粥。
워 야오 허 조우

볶음밥을 한 그릇 주십시오.
给我一碗炒饭。
게이 워 이 완 차오판

오리구이가 있습니까?
有烤鸭吗?
요우 카오야 마

어떤 탕 종류가 있습니까?
这儿有什么汤?
쩔 요 선머 탕

신선한 생선이 있습니까?
这儿有新鲜的鱼吗?
쩔 요 신시엔 더 위 마

조 미 료 타오라오 调料

짠 것을 좋아하지 않습니다.
我不喜欢咸的。
워 뿌시환 시엔 더

설탕을 너무 많이 넣지 마십시오.
糖不要放得太多。
탕 부야오 팡 더 타이 뚸

소금을 조금만 넣어 주십시오.
盐少放点儿吧。
이엔 샤오 팡멸 바

맛 웨이다오 味道

맛있습니다.
很好吃。
헌 하오 츠

조금 짭니다.
有点儿咸。
요멸 시엔

너무 답니다.
这太甜。
쩌 타이 티엔

후 식 티엔스 甜食

이 곳의 디저트를 알려 주십시오.
给我介绍一下这儿的甜食。
게이 워 지에샤오 이샤 쩔 더 티엔스

과일이 있습니까?
这儿有水果吗?
쩔 요 수이궈 마

저는 술을 마시고 싶지 않습니다.
我不想喝酒。
워 뿌샹 허 지우

저는 술 마시는 걸 좋아합니다.
我喜欢喝酒。
워 시환 흐어 지우

여기 생맥주가 있습니까?
这儿有生啤酒吗?
쩔 요 셩피쥬 마

병포장이 있습니까?
有瓶装的吗?
요 핑쫭 더 마

한 병 더 주십시오.
请再拿一瓶。
칭 짜이 나 이 핑

어디에서 생산한 것입니까?
这是哪儿产的?
쩌 스 날 찬 더

드십시오.
请。
칭

건배합시다.
干杯。
깐뻬이

마시고 싶은 만큼 마시세요.
随意。
수이이

젓가락이 없습니다.
我没有筷子。
워 메이요 콰이즈

물수건 좀 더 주십시오.
再给我一张湿巾纸。
짜이 게이 워 이 장 스진즈

제가 주문한 것은 이게 아닙니다.
我要的不是这个。
워 야오 더 부스 쩌거

신선하지 않은 것 같습니다.
我觉得这不新鲜。
워 쥐에 더 쩌 부 신시엔

이 음식은 아직 익지 않았습니다.
这菜还没熟。
쩌 차이 하이 메이 수

좀 더 익혀 주시겠습니까?
再弄热一些好吗？
짜이 농 러 이시에 하오 마

왜 이렇게 오래 걸립니까?
怎么这么长时间？
전머 쩌머 창 스지엔

빨리 해 주십시오.
快点儿好吗？
콰이 뎔 하오 마

3 계산

▶ 이 글을 중국 사람에게 펴서 보여 주세요.

我是来旅游的。
语言不通有很多困难。
请回答一下下面的问题。

 **1** 모두 얼마입니까?
一共多少钱?

⇨ 470 원입니다.
四百七十块。

三十	30원	二百一十	210원
一百五十	150원	七	7원

______________________________ 块。

 **2** 무엇이 포함된 가격입니까?
这个价格都包括什么?

______________________________ 。

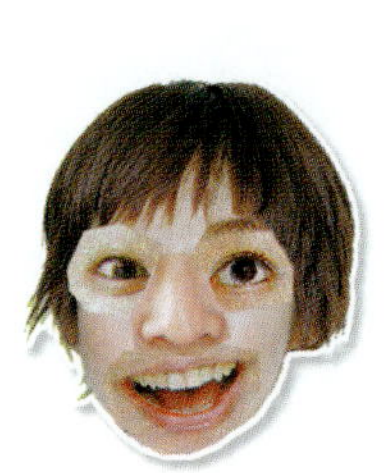

계 산	지에장	结帐

제가 대접하겠습니다.
我请客。
워 칭커

나누어 계산합시다.
分开算吧。
펀카이 쏸 바

계산서를 주십시오.
请给我帐单。
칭 게이 워 장딴

어디에서 계산합니까?
在哪儿付款？
짜이 날 푸콴

모두 얼마입니까?
一共多少钱？
이공 뚸샤오치엔

● 470 원입니다.
四百七十块。
쓰바이치스콰이

세금이 포함되어 있습니다.
包括税金。
빠오쿼 수이진

신용카드로 계산가능합니까?
可以用信用卡吗?
커이 용 신용카 마

달러도 괜찮습니까?
美元也可以吗?
메이위엔 예 커이 마

계산서에 잘못이 있는 것 같습니다.
我想帐单上有差错。
워 샹 장딴 샹 요 차추어

이 음식을 주문한 적이 없습니다.
我没有点过这个菜。
워 메이 디엔궈 쩌 거 차이

봉사료를 받습니까?
这儿收服务费吗?
쩔 쇼우 푸우페이 마

<table>
<tr><td>**표현**</td><td>빠오시엔</td><td>表現</td></tr>
</table>

잘 먹었습니다.
吃得满意。
츠 더 만이

아주 맛있었습니다.
这顿饭吃得很好。
쩌 뚠 판 츠 더 헌 하오

음식이 모두 맛있습니다.
菜都很好吃。
차이 또 헌 하오 츠

감사합니다. 다시 오십시오.
谢谢。欢迎再来。
셰셰. 환잉 짜이 라이

4 패스트푸드

▶ 이 글을 중국 사람에게 펴서 보여 주세요.

我是来旅游的。
语言不通有很多困难。
请回答一下下面的问题。

저는 여행객입니다.
말이 통하지 않아 곤란합니다.
아래 질문에 대답해 주십시오.

 손가락 STAGE

----

1 햄버거 두 개 주세요.
请给我两个汉堡。

| 一杯可乐 | 콜라 한 잔 | 三明治 | 샌드위치 |
| 比萨 | 피자 | 薯条 | 후렌치후라이 |

 请给我 ___________________ 。

2 커피 있습니까?
有咖啡吗?

| 绿茶 | 녹차 | 红茶 | 홍차 |
| 可可 | 코코아 | 酸奶 | 요쿠르트 |

有 ___________________ 吗?

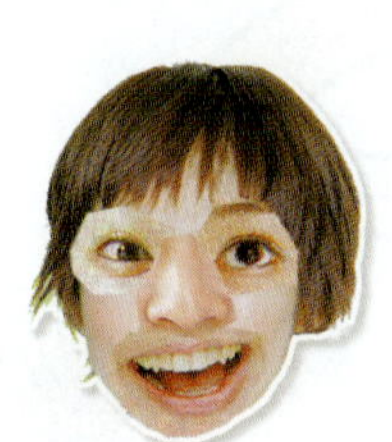

보고 바로 쓰는
말! 말! 말!

<table>
<tr><td>주문하기</td><td>디엔차이</td><td>点菜</td></tr>
</table>

어서 오십시오.
欢迎光临。
환잉꽝린

햄버거를 두 개 주십시오.
给我两个汉堡包。
게이 워 량 거 한바오빠오

커피 있습니까?
有咖啡吗?
요 카페이 마

아이스크림 하나 더 주십시오.
还要一个冰淇淋。
하이야오 이 거 삥치린

요쿠르트가 있습니까?
这儿有酸奶吗?
쩔 요 쏸나이 마

여기서 드시겠습니까 아니면 가져 가시겠습니까?
在这儿吃还是带走?
짜이 쩔 츠 하이스 따이 조우

➡ 가져가겠습니다.
带走。
따이 조우

여기서 먹겠습니다.
在这儿吃。
짜이 쩔 츠

빨대가 어디있습니까?
吸管在哪儿?
시관 짜이 날

샐러드는 어떻게 먹습니까?
沙拉怎么吃?
샤라 전머 츠

내프킨을 좀 더 주십시오.
请多给我餐巾纸。
칭 뚸 게이 워 찬진즈

우유 한 잔 더 주십시오.
还要一杯牛奶。
하이야오 이 뻬이 니우나이

토마토케첩을 많이 주십시오.
请多给我一些番茄酱。
칭 뚜어 게이 워 이시에 판치에장

스파게티를 시키지 않았습니다.
我没点意大利面条。
워 메이디엔 이따리 미엔타오

<table><tr><td>자 리</td><td>주어웨이</td><td>座位</td></tr></table>

이층에 자리가 있습니까?
在二楼有没有座位?
짜이 얼로우 요메이요 주어웨이

● 빈 자리가 없습니다.
客满了。
커 만 러

식당	饭馆 / 餐厅	판관 / 찬팅
식탁	餐桌	찬주어
예약	预订	위띵
예약석	预定席	위띵시
맛	味道	웨이따오
주문	点菜	디엔차이
메뉴	菜单	차이딴
한국음식점	韩国餐厅	한궈찬팅
중국음식점	中餐厅	중찬팅
서양음식점	西餐厅	시찬팅

한국음식	韩国菜	한궈차이
일본음식	日本菜	르번차이
서양음식	西餐 / 西菜	시찬 / 시차이
요리	菜	차이
베이징요리	北京菜	베이징차이
쓰촨요리	四川菜	쓰촨차이
샹하이요리	上海菜	샹하이차이
꽝동요리	广东菜	광동차이
밥	米饭	미판
빵	面包	미엔빠오
면	面条	미엔탸오

야채	蔬菜	수차이
육류	肉类	로우레이
해산물	海鲜	하이시엔
과일	水果	수이궈

파	葱	총
양파	洋葱	양총
버섯	蘑菇	모구
계피	桂皮	꾸이피
생강	姜	쟝
후추	胡椒	후쟈오
고추	辣椒	라쟈오
마늘	蒜	쏸
향채	香菜	샹차이
미원	味精	웨이징
굴소스	耗油	하오요우
된장	黄酱	황요우
고추장	辣椒酱	라쟈오장
소금	盐	이엔
설탕	糖	탕
식초	白醋	바이추
참기름	香油	샹요우
깨장	芝麻酱	즈마장
간장	酱油	쟝요우

케익	蛋糕	딴까오
과일젤리	果羹	궈껑
땅콩크림	花生酱	화성쟝
계란카스타드	甜蛋羹	티엔딴껑
쿠키	酥	쑤
아이스크림	冰淇淋	삥치린
파인애플	菠萝	뽀로우
앵두	樱桃	잉타오
귤	橘子	쥐즈
오렌지	橙子	청즈
배	梨	리
사과	苹果	핑궈
밤	栗子	리즈
레몬	柠檬	닝멍
포도	葡萄	푸타오
석류	石榴	스류
감	柿子	스즈
복숭아	桃子	타오즈
참외	香瓜	샹과
수박	西瓜	시과
바나나	香蕉	샹자오
딸기	草莓	차오메이

맥주	啤酒	피지우
포도주	葡萄酒	푸타오지우
홍포도주	红葡萄酒	홍푸타오지우
백 포도주	白葡萄酒	바이푸타오지우
칵테일	鸡尾酒	지웨이지우
보드카	伏特加	푸터지아
위스키	威士忌	위에스지
브랜디	白兰地	바이란띠
스트레이트	纯的	춘더
온더락	加冰块	지아삥콰이
병에 든	瓶装的	핑좡더
수입한	进口的	진코우더
반 병	半瓶	빤핑
한 병	一瓶	이핑
1리터	一升	이셩
알콜	酒精	지우징
무알콜	没有酒精	메이요지우징

햄버거	汉堡包	한바오빠오
피자	比萨饼	피사삥
샌드위치	三明治	싼밍즈
핫도그	热狗	러고우
샐러드	沙拉	샤라

케찹	番茄酱	판치에장
마요네즈	沙拉酱	샤라장
쏘세지	火腿	훠투이
치즈	起司 / 吉士	치스 / 지스
버터	黄油	황요우
빵	面包	미엔빠오
치킨	烤鸡	카오지
밀크쉐이크	奶昔	나이시
요쿠르트	酸奶	쏸나이
맥도날드	麦当劳	마이땅라오
피자헛	必胜客	삐셩커
KFC	肯德基	컨더지
롯데리아	乐天利	러티엔리

음료

커피	咖啡	카페이
콜라	可乐	커러
사이다	汽水	치수이
쥬스	果汁	구워즈
홍차	红茶	홍차
녹차	绿茶	뤼차
쟈스민	花茶	화차
우유	牛奶	니우나이

젓가락	筷子	콰이즈
숟가락	勺子	샤오즈
칼	刀子	따오즈
컵	杯子	뻬이즈
접시	碟子	띠에즈
그릇	碗	완
계산	算帐 / 结帐	쏸장 / 지에장
영수증	收据 / 发票	쇼우쥐 / 파퍄오

⬇ 쓰촨요리
麻婆豆腐

⬆ 베이징요리
鸭三白

실제 상황

환영문구

欢迎光临　어서 오십시오

음식점이나 상점들마다 손님을 반갑게 맞이한다는 환영문구들이 많이 씌어 있다.

소수민족 음식점 1

清真羊肉串

이슬람교식 양꼬치구이

「清真」은 「이슬람교 · 회교」를 뜻하는 말로, 중국의 꼬치구이는 소고기, 오징어, 생선 등 아주 다양하지만 「清真」이라고 표시된 곳에서는 종교적인 이유로 양고기만을 취급한다.

소수민족 음식점 2

正宗川味　　원조 쓰촨의 맛

중국의 요리는 크게 꽝저우 · 쓰촨 · 샹하이 · 뚱베이요리 등으로 구별되는데 쓰촨요리는 맵고 얼얼한 것이 특징이다.

꽝동식 식당

港式烧腊　　꽝동식 절임고기

꽝동식 식당의 모습이다.

国营　国영상점

각종 식품과 간단한 잡화를 취급하
는 국영 매점이다.

烟酒	冷饮	食品
담배·술	음료	식품
百货	彩扩	复印
잡화	필름현상	복사

贯通快餐　중국식 패스트푸드

중국식 패스트푸드는 주로 포자만두, 교
자만두, 만두국, 전병 종류, 각종 중국식
간식거리를 파는 곳과 음식을 미리 만들
어 두고 고객이 먹고 싶은 음식을 골라서
구매하는 두 종류로 크게 나뉜다.

麦当劳　맥도날드

맥도날드, KFC 등은 대표적인 패스트푸
드점으로 빵을 좋아하는 중국의 식습관
탓에 남녀노소 불구하고 모두에게 환영받
는 음식이다. 특히, 중국의 패스트푸드점
에서는 우리 나라와 달리 할아버지·할머
니들의 모습을 많이 볼 수 있다.

鲜族烧烤　조선족 불고기

조선족 식당의 불고기는 중국인들에게도
아주 인기 있는 요리이며 이외에도 조선
냉면, 비빔밥 등이 유명하다. 물론 우리 나
라 음식 맛과는 조금 다르다지만 외국땅
에서 우리 맛을 찾아보는 것도 색다른 즐
거움일듯.

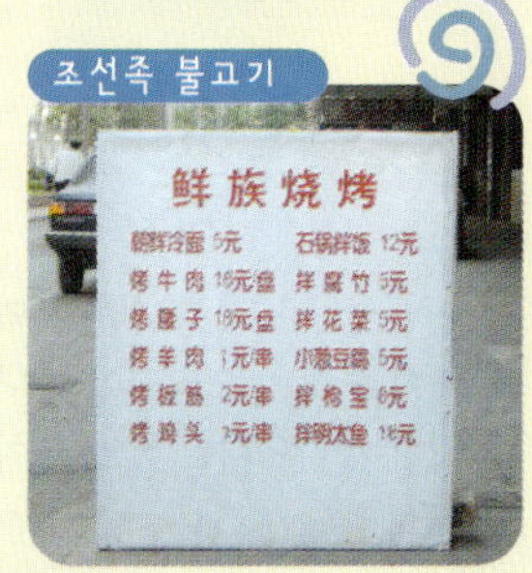

鱼都美食 大众消费

어두식당의 대중적인 가격

식당 앞에 붙여 둔 메뉴 및 가격표로 손님들이 가격을 보고 선택할 수 있게끔 해 놓았다.

海鲜　　해산물

음식점의 식당 안에 붙여둔 가격표이다. 중국의 해안도 시를 제외하고는 해산물이 상당히 비싼편이며, 그다지 싱싱하지 않다.

北平楼　　전통 베이징 음식점

베이핑(北平)은 베이징(北京)의 옛 이름 으로 문 앞에는 새장과 지팡이를 들고 있 는 중국 노인의 모습이 서 있다. 새는 중국 의 부를 상징하는 것이다.

天友家常菜

티엔요우 가정식음식점

가정식 식단으로 특별한 지역 적 특색을 갖춘 요리집이 아니 라 일상 가정요리를 하는 음식 점이다.

가판 음식점

대부분 맞벌이를 하며 아침 업무 시간이 8시부터이고 가정으로 돌아가서 식사를 하는 중국의 생활 습관으로 길거리에는 만두, 전병 등 간단한 음식을 파는 이런 형태의 가게들이 도처에 있다.

대부분의 중국인들은 아침과 저녁에 이런 곳에서 음식을 사서 집에 가지고가서 먹는다.

가판 음식점

출입문 안전문구

拉　　　당기시오
小心滑倒　　미끄럼주의

불야성

不夜城　　불야성

가라오케 등을 갖추고 새벽녘까지 영업하는 음식점을 「밤이 없는 성」이란 뜻으로 「不夜城(불야성)」이라고 칭하기도 한다.

띠엔나오차이퍄오
복권 파는 곳
电脑彩票
이뤼 얼스위엔
모두 20 원
一律
20元
베이징바이훠따로우
베이징시백화점
北京市百货大楼
청런바오지엔핀
성인용품점
成人保健品
公用电话
꿍용뗸화
공중전화
眼镜·太阳镜
이엔징·타이양징
안경·선글라스

超级市场
차오지스창
슈퍼마켓
国营
궈잉
국영상점
国营
烟酒 冷饮 食品
百货 彩扩 复印
公厕
WC
꽁처
공중화장실
中国建设银行
China Construction Bank
쭝궈지엔서인항
중국건설은행
售票处
쇼퍄추
티켓판매소
非本商场
工作人员
禁止出入
페이번상창
꽁쭈어 런 위엔
진즈추르
잡상인 출입금지

1 쇼핑

▶ 이 글을 중국 사람에게 펴서 보여 주세요.

손가락 STAGE

1 특산품은 어디에 있습니까?
特产品在哪儿?

化妆品	화장품	工艺品	공예품
礼物	선물	电子产品	전자제품

 ___________________ 在哪儿?

2 싼 것이 있습니까?
有没有便宜的?

干净的	깨끗한 것	小点儿的	작은 것
更好的	더 좋은 것	漂亮的	예쁜 것

有没有 ___________________ ?

쇼핑거리

무엇을 사시겠습니까?
你要买哪个?

⇨ 이것으로 주십시오.
　给我这个。

| 那个 | 저것 | 便宜的 | 싼 것 |
| 小的 | 작은 것 | 新的 | 새 것 |

给我 ________________________________ 。

이걸 보여 주십시오.
给我看这个。

| 那个 | 저것 | 下面的 | 아래 것 |
| 右边的 | 오른쪽 것 | 最小的 | 가장 작은 것 |

给我看 ________________________________ 。

177

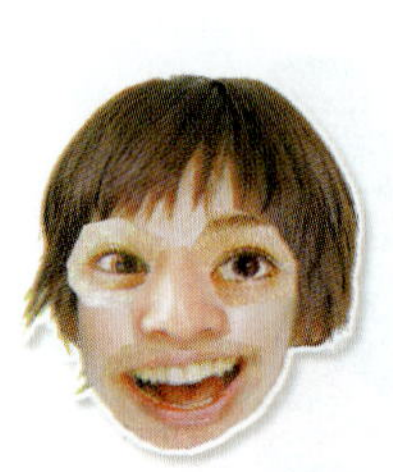

보고 바로 쓰는 말! 말! 말!

이 근처에 백화점이 있습니까?
这儿附近有没有百货公司？
쩔 부진 요메이요 바이훠꽁쓰

여기서 가장 가까운 백화점이 어디입니까?
离这儿最近的百货公司在哪儿？
리 쩔 쭈이찐 더 바이훠꽁스 짜이 날

몇 시에 문을 엽니까?
几点开门？
지 디엔 카이 먼

언제가 휴일입니까？
什么时候休息？
선머스호우 시우시

일상용품이 어디 있습니까?
日常用品在哪儿？
르창용핀 짜이 날

어디에서 구두를 팝니까?
哪儿卖皮鞋？
날 마이 피시에

에레베이터(에스컬레이터)가 어디에 있습니까?
电梯（手扶梯）在哪儿？
띠엔티 (쇼푸티) 짜이 날

이 상점에 전자제품을 팝니까?
这商店里有电子产品吗?
쩌 샹디엔 리 요 띠엔즈 찬핀 마

한약을 팝니까?
你这儿卖中药吗?
니 쩔 마이 쭝야오 마

카세트테이프를 팝니까?
你这儿有磁带吗?
니 쩔 요 츠따이 마

2층에는 무엇이 있습니까?
二楼有什么?
얼 로우 요 선머

나는 문구가 필요합니다.
我想要文具。
워 샹 야오 원쥐

붓을 보여 주십시오.
请拿些毛笔给我看看。
칭 나 시에 마오삐 게이 워 칸칸

VCD를 보여 주십시오.
请你把 VCD 给我看看。
칭 니 바 웨이씨디 게이 워 칸칸

저는 좋은 것이 필요합니다.
我要好的。
워 야오 하오 더

저는 큰 것을 좋아합니다.
我喜欢大的。
워 시환 따 더

이것과 같은 것이 있습니까?
跟这个一样的有吗?
껀 쩌거 이양 더 요 마

꺼내 보여 주시겠습니까?
拿给我看看好吗?
나 게이 워 칸칸 하오 마

얼마입니까?
这个多少钱?
쩌 거 뚸샤오 치엔

이것들은 얼마입니까?
这些有多少?
쩌 시에 요 뚸샤오

못 알아듣겠습니다. 적어 주십시오.
我不懂。请写下来。
워 뿌 동. 칭 시에 샤라이

너무 비쌉니다.
这太贵了。
쩌 타이 꾸이

뭐 이렇게 비쌉니까?
怎么这么贵?
전머 쩌머 꾸이

싸게 해 주십시오.
给我便宜一点儿。
게이 워 피엔이뎔

싼 것이 있습니까?
有没有便宜的?
요메이요 피엔이 더

할인이 됩니까?
可不可以优惠？
커 부커이 요후이

좀 더 싸게 해 주실 수 없습니까?
能不能再便宜点儿？
넝 뿌 넝 짜이 피엔이뎔

이것은 좋지도 않으면서 비싸군요.
这个又不好又贵。
쪄거 요 부 하오 요 꾸이

계산　　푸콴　　付款

계산대가 어디입니까?
收款处在哪儿？
쇼우콴추 짜이 날

➡ 저 쪽에서 계산하십시오.
去那边儿交钱。
취 나뱔 쟈오 치엔

계산을 잘 못 하셨습니다.
你算错了。
니 쏸 추어 러

결정　　쮀에딩　　决定

이것을 별로 좋아하지 않습니다.
我不喜欢这个。
워 뿌 시환 쪄 거

그다지 맘에 들지 않습니다.
这个不太理想。
쪄 거 부 타이 리샹

이걸로 사겠습니다.
我决定买这个。
워 쥐에딩 마이 쩌거

이걸로 주십시오.
给我这个。
게이 워 쩌 거

언제 물건이 있습니까?
什么时候再有货?
선머스호우 짜이 요 훠

나중에 다시 오겠습니다.
下次再来吧。
샤츠 짜이 라이 바

다시 생각 해 보겠습니다.
再想一想吧。
짜이 샹 이 샹 바

배달 쏭훠 送货

얼마나 걸립니까?
要多长时间?
야오 뚸창 스지엔

가져가겠습니다.
我带走。
워 야오 따이조우

이것을 요우이호텔에 가져다 주십시오.
请把这个送到友谊宾馆。
칭 바 쩌 거 쏭따오 요이삔관

교환 가능합니까?
可以换吗？
커이 환 마

바꾸어주십시오.
我要退货。
워 야오 투이훠

돈으로 돌려 주십시오.
我要求退款。
워 야오치우 투이콴

영수증입니다.
这是收据。
쩌 스 쇼우쥐

비닐봉투 하나만 주십시오.
给我一个塑料袋好吗？
게이 워 이 거 쑤랴오따이 하오 마

포장 해 주십시오.
请包装一下。
칭 빠오좡 이샤

2 옷

我是来旅游的。
语言不通有很多困难。
请回答一下下面的问题。

저는 여행객입니다.
말이 통하지 않아 곤란합니다.
아래 질문에 대답해 주십시오.

손가락 STAGE

 **1**

바지를 보여주세요.
把裤子给我看看。

裙子	치마	连衣裙	원피스
帽子	모자	围巾	스카프

把 _______________ 给我看看。

 **2**

구두가 있습니까?
有皮鞋吗?

运动鞋	운동화	高跟鞋	하이힐
男鞋	남자용 신발	平底鞋	굽 낮은 신발

有 _______________ 吗?

○ 상점의 계산대

3 다른 **모양**을 보여 주세요.
给我看看别的**样子**。

颜色	색		号码	크기
牌子	메이커		种类	종류

☞ 给我看看别的 ＿＿＿＿＿＿＿＿＿＿＿＿。

4 **크기**가 저한테 어울리지 않습니다.
大小对我不合适。

颜色	색		样子	모양

☞ ＿＿＿＿＿＿＿＿＿＿＿ 对我不合适。

5 **새 것**을 주십시오.
给我**新的**。

别的	다른 것		大的	큰 것
短的	짧은 것		高的	높은 것

☞ 给我 ＿＿＿＿＿＿＿＿＿＿＿＿。

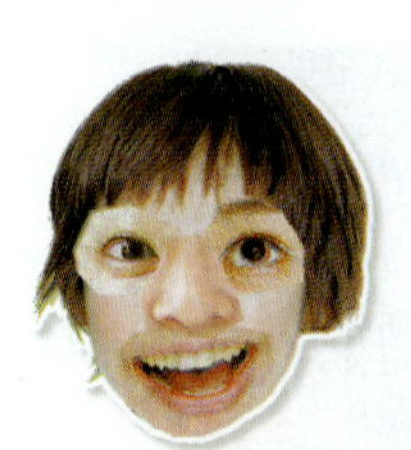

물건 사기	마이뚱시	买东西

차이나드레스가 있습니까?
有旗袍吗？
요 치파오 마

⬤ 꺼내 보여드리겠습니다.
拿出来给你看看。
나 추 라이 게이 니 칸칸

고르는 것을 도와주십시오.
请你帮我挑。
칭 니 빵 워 탸오

저는 이런 무늬를 좋아하지 않습니다.
我不喜欢这种图案。
워 뿌 시환 쩌 종 투안

제 어머니에게 드릴 옷을 사려고 합니다.
我要买给我妈穿的。
워 야오 마이 게이 워 마 촨 더

제가 입을 것이 아닙니다.
不是我穿的。
부 스 워 촨 더

드라이크리닝을 할 필요가 없습니다.
不用干洗。
부 용 깐시

물세탁이 가능합니까?
可不可以手洗？
커부커이 쇼우시

예약가능합니까?
可以定货吗？
커이 띵 훠 마

차이나드레스를 주문하여 만들고 싶습니다.
我想订做旗袍。
어 상 띵주어 치파오

얼마나 걸릴까요?
需要多长时间？
쉬야오 뚸창 스지엔

언제쯤 다시 오면 될까요?
我什么时候再来好？
워 선머스호우 짜이 라이 하오

입어보다	스촨	试穿

입어봐도(신어봐도) 되겠습니까?
可以试试穿吗？
커이 스스 촨 마

탈의실이 어디입니까?
更衣室在哪儿？
껑의스 짜이 날

정말 잘 어울리십니다.
对你很合适。
뚜이 니 헌 흐어스

치 수 츠춘 尺寸

몇 사이즈를 입으십니까?
你要穿多大号的？
니 야오 촨 뚸따 하오 더

➡ 중국 사이즈는 잘 모릅니다.
我不知道中国的尺寸。
워 뿌즈다오 쭝궈 더 츠춘

당신이 보기에는 몇 사이즈를 입어야 할 것같습니까?
你觉得我穿多大号比较合适？
니 쥐에더 워 촨 뚸따하오 비쟈오 흐어스

사이즈를 재어드리겠습니다.
我给你量尺寸吧。
워 게이 니 량 츠춘 바

좀 더 큰 사이즈를 입으셔야 합니다.
你要穿大一点儿的。
니 야오 촨 따이뎔 더

작은 사이즈가 있습니까?
有没有小号的？
요 메이요 샤오하오 더

너무 깁니다.
太长。
타이 창

<table>
<tr><td>옷감 · 색깔</td><td>뿌랴오 · 이엔서</td><td>布料·颜色</td></tr>
</table>

순면입니까?
是纯棉吗？
스 춘미엔 마

진짜 가죽입니까?
是真皮吗？
스 쩐피 마

어떤 색깔이 있습니까?
有什么颜色？
요 선머 이엔서

저는 짙은 색을 좋아합니다.
我喜欢深的颜色。
워 시환 션 더 이엔서

이 색이 당신한테 어울립니다.
这种颜色对你很合适。
쩌 종 이엔서 뚜이 니 헌 흐어스

3 기타

▶ 이 글을 중국 사람에게 펴서 보여 주세요.

我是来旅游的。
语言不通有很多困难。
请回答一下下面的问题。

저는 여행객입니다.
말이 통하지 않아 곤란합니다.
아래 질문에 대답해 주십시오.

1

산수화가 있습니까?
这儿有山水画吗?

⇨ 있습니다.
有。

| 毛笔 | 붓 | 古玩 | 골동품 |
| 古币 | 옛날 화폐 | 工艺品 | 공예품 |

这儿有＿＿＿＿＿＿＿＿＿＿＿＿吗?

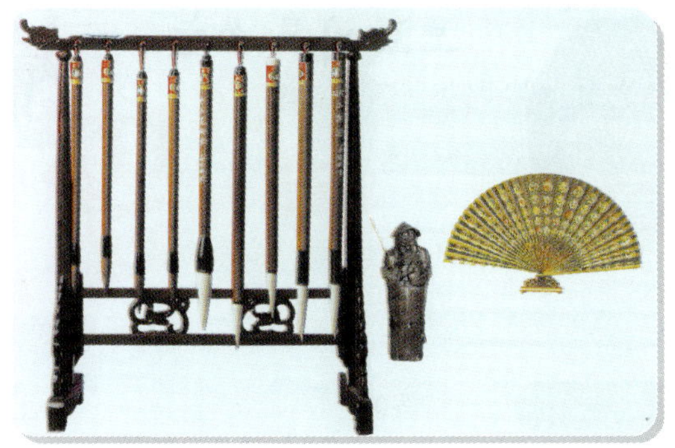

⬆ 전통품

2 이것은 무엇으로 만든 것입니까?
这是用什么做的?

⇨ 상아로 만든 것입니다.
用**象牙**做的。

青铜	청동	玉	옥
珍珠	진주	金	금

☞ 这是用 ＿＿＿＿＿＿＿＿＿＿ 做的?

3 어느 것이 가장 유명한 것입니까?
哪个是最**有名的**?

好的	좋은 것	新的	새 것
方便的	편리한 것	高级的	고급스러운 것

☞ 哪个是最 ＿＿＿＿＿＿＿＿＿＿ ?

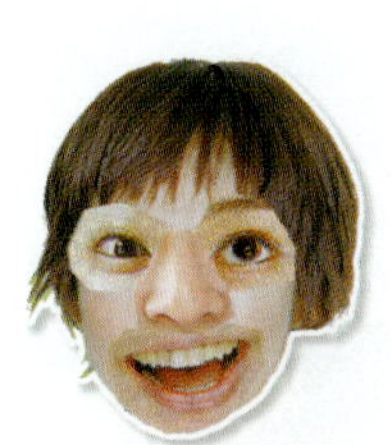

보고 바로 쓰는 말! 말! 말!

양탄자가 있습니까?
你们这儿有地毯吗？
니먼 쩔 요 띠탄 마

이것은 어느 시대 것입니까?
这是什么时代的？
쩌 스 선머 스따이 더

누구의 작품입니까?
这是谁的作品？
쩌 스 쉐이 더 주어핀

얼마나 오래된 것입니까?
这东西有多长的历史？
쩌 똥시 요 뛰창 더 리스

복제품이 아닙니까?
这是不是复制品？
쩌 스부스 푸즈핀

진품입니까?
是真的吗？
스 쩐 더 마

여기에 흠이 있습니다.
这儿有一个残痕。
쩔 요 이 거 찬헌

192

제 안경이 고장났습니다.
我的眼镜坏了。
워 더 이엔징 화이 러

제 안경테가 부러졌습니다.
这个镜架断了。
쩌 거 이엔징지아 뚜완 러

안경알을 바꿀 수 있습니까?
你这儿能换镜片吗?
니 쩔 넝 환 징피엔 마

시력이 얼마입니까?
多少度?
뚸샤오 뚜

안경집 하나를 주십시오.
我要一个眼镜盒。
워 야오 이 거 이엔징허

렌즈세척액이 있습니까?
有隐形眼镜清洗液吗?
요 인싱이엔징 칭시예 마

도장　　　투장　　　图章

여기서 도장을 새길 수 있습니까?
这儿可以刻图章吗?
쩔 커이 커 투장 마

여기에 이름을 써 주십시오.
在这儿写你的名字。
짜이 쩔 시에 니 더 밍즈

계산	푸콴	付款

얼마입니까?
这要多少钱?
쩌 야오 뚸샤오 치엔

너무 비쌉니다.
太贵了。
타이 꾸이 러

싸게 해 주십시오.
给我优惠点儿。
게이 워 요후이뎔

이걸 주십시오.
给我这个。
게이 워 쩌 거

골동품점	古董店	구똥디엔
서점	书店	수디엔
약국	药店	야오디엔
백화점	百货商店	바이훠샹창
꽃가게	花店	화디엔
시장	市场	스창
슈퍼마켓	自选商场 / 超级商场	즈쉬엔샹창 / 차오지샹창
식료품점	副食店	푸스디엔
양장점	裁缝店	차이펑디엔
전기제품수리점	电器修理部	띠엔치시우리뿌
지방풍미식품점	地方风味食品店	띠팡펑웨이스핀디엔
신발가게	鞋店	시에디엔
안경점	眼镜店	이엔징디엔
여행기념품전	旅游纪念品商店	뤼요지니엔핀샹
문구점	文具店	원쮜디엔
체육용품상점	体育用品商店	티위용핀샹디엔
완구점	玩具店	완쮜디엔

싸다	便宜	피엔이
비싸다	贵	꾸이
흥정	讨价还价	타오지아환지아
가격	价格	지아거

가격표	价格单	지아거딴
물가	物价	우지아
단가	单价	딴지아
할인	折扣 / 减价	저코우 / 지엔지아
할인가	折价	저지아
할인표	折扣单	저코우딴
판매원	售货员	쇼우훠위엔

계산	算帐	쏸장
계산대	结帐处	지에장추
계산서	帐单	장딴
지불	付款	푸콴
신용카드	信用卡	신용카
현금	现金	시엔진
잔돈	零钱	링치엔
영수증	发票 / 收据	파퍄오 / 쇼우쥐
포장	包装	빠오좡
리본	丝带	쓰따이
쇼핑백	袋子	따이즈
비닐봉투	口袋	코우따이
샘플	样品	양핀
고급품	高级品	까오지핀
유명상품	名牌	밍파이
수입품	进口产品	찐코우찬핀

| 국산품 | 国产品 | 궈찬핀 |
| 배달 | 送货 | 쏭훠 |

흰색	白色	바이서
검은색	黑色	헤이서
갈색	棕色	종서
파란색	蓝色	란서
초록색	绿色	뤼서
노란색	黄色	황서
회색	灰色	후이서
보라색	紫色	즈서
본홍색	粉红色	펀홍서
커피색	咖啡色	카페이서

둥글다	圆	위엔
가늘다	细	시
네모지다	正方	쩡팡
넓다	宽	콴
좁다	窄	자이
두껍다	厚	호우
얇다	薄	바오

남자아이	男孩儿	난할
여자아이	女孩儿	뉘할
어린아이	小孩儿	샤오할
크기	大小	따샤오
치수	号码	하오마
끼다	紧	진
크다	肥 / 大	페이 / 따
작다	小	샤오
길다	长	창
짧다	短	똰

단추	纽扣	니우코우
구두	皮鞋	피시에
양탄자	地毯	띠탄
시계	钟表	종빠오
도기	陶瓷	타오츠
자기	瓷器	츠지
병풍	屏风	핑펑
가구	家具	지아쥐
수공품	手工品	쇼우꿍핀
악기	乐器	러치
죽제품	竹制品	주즈핀
차주전자	茶壶	차후
찻잔	茶杯	차뻬이

가죽	皮	피
실크	丝绸	쓰초우
묵	墨	모우
붓	笔	비
서도(붓글씨)	书法	수파
유화	油画	요우화
수묵화	水墨画	수이모화
산수화	山水画	샨수이화
도장	印章	인장

보석장신구	珠宝首饰	주바오 쇼우스
반지	戒指	지에즈
목걸이	项链	샹리엔
귀걸이	耳环	얼환
상아제품	象牙制品	샹야즈핀
옥돌제품	玉石制品	위스즈핀
진주	珍珠	쩐주
금	金	진
금도금	镀金	뚜진
은	银	인
비취	翡翠	비추이
수정	水晶	수이징
유리	玻璃	뽀리
다이아몬드	金钢石	진깡스

산호	珊瑚	샨후
호박	琥珀	후포어
스테인레스	不锈钢	뿌시우깡

원시	远视	위엔스
난시	散光	싼광
콘텍트렌즈	隐形眼镜	인싱이엔징
하드	硬的	잉더
소프트	软的	롼더
선글라스	太阳镜 / 墨镜	타이양징 / 모징

담배	烟	눤수이핑
라이터	打火机	쇼우띠엔통
성냥	火柴	원장
병따개	开瓶器	수즈
캔따개	开罐器	이엔
젓가락	筷子	따훠지
숟가락	勺子	훠차이
칼	剪刀	카이핑치
보온병	暖水瓶	카이꽌치
손전등	手电筒	콰이즈
모기장	蚊帐	샤오즈
빗	梳子	지엔따오

거울	镜子	징즈
손톱깍기	指甲刀	즈지아따오
휴지	卫生纸	웨이셩즈
생리대	卫生巾	웨이셩진
비누	香皂	샹자오
빨래비누	肥皂	페이자오
칫솔	牙刷	야솨
치약	牙膏	야까오
수건	毛巾	마오진
샴푸	洗发水	시파수이
린스	护发液 / 润丝	후파예 / 룬쓰

一律 20 元　　모두 20원

아무거나 골라잡아 20 원!
최근엔 우리 나라의 「천냥하우스」처럼 모든 물건을 10 원 혹은 20 원으로 정해 놓고 파는 상점들이 많이 생겨나는데 꽤 인기가 있는 편이다.

계산대

입구에 결제 가능한 카드를 붙여놓았다. 최근엔 규모가 큰 상점들을 위주로 카드 결제를 하기도 하지만 우리 나라처럼 일반적인 것은 아니므로 현금을 준비하는 것이 좋다.

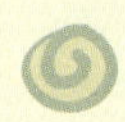

成人用品　　성인용품 취급점

중국은 오히려 우리 나라보다 성에 개방적이고 산아제한 정책으로 인해 일반적으로 약국이나 도시 곳곳에 성인용품을 전문적으로 취급하는 곳을 쉽게 볼 수 있다.

日用百货　　일용잡화

化妆品·洗条·文具
화장품·세제·문구

싸다고 무턱대고 쇼핑을 하다보면 돌아올 때 짐이 많아 고생하는 수가 있으니 조심하고, 간혹 made in Korea(한국제품)을 선물로 사오는 사람이 있다. 확인하고 물건을 사도록 하자.

길거리 간이매점

최근엔 냉동시설이 잘 갖추어져 있으나 아직도 소도시에서는 음료를 얼음 위에 놓고 판매하는 것을 볼 수 있다.

新张开业　全场八折

신장개업 전체 20%

八(8)이라는 숫자만 보고 80% 세일이라고 오해하지 말자!

Disco
DISCO
娛樂城
卡拉 OK
카라오케
가라오케
迪厅
띠팅
디스코텍
쇼우페이꿍처
유료 공중화장실
收費公厕
WC
新华书店
신화수디엔
신화서점
书店
书
수
책

食品小卖部
스핀샤오마이뿌
식품가판대
三轮车
싼룬처
인력거
커코커러
코카콜라
可口可乐
Coca Cola
쯔냥시엔피
양조맥주
自酿鲜啤
生啤酒
셩파쥬
생맥주

1 오락

▶ 이 글을 중국 사람에게 펴서 보여 주세요.

我是来旅游的。
语言不通有很多困难。
请回答一下下面的问题。

저는 여행객입니다.
말이 통하지 않아 곤란합니다.
아래 질문에 대답해 주십시오.

1 같이 노래를 부르러 가는 것이 어떨까요?
我们一起去唱歌怎么样?

| 跳舞 | 춤추다 | 打保龄球 | 볼링을 치다 |
| 喝酒 | 술을 마시다 | 看电影 | 영화를 보다 |

我们一起去 ＿＿＿＿＿＿＿＿＿＿ 怎么样?

2 노래방은 어디에 있습니까?
哪儿有歌厅?

| 卡拉 OK | 가라오케 | 舞厅 | 무도장 |
| 夜总会 | 나이트크럽 | 迪厅 | 디스코크럽 |

哪儿有 ＿＿＿＿＿＿＿＿＿＿＿ ?

⬆ 가라오케 내부

오늘 저녁에 시간이 있으십니까?
제가 식사에 초대하고 싶습니다.

今天晚上有时间吗？我想请你吃饭。

明天中午	내일 점심	下星期	다음주
这个周末	이번 주말	下下星期天	다다음주 일요일

 _______________ 有时间吗？我想请你吃饭。

저는 영화를 보는 것을 좋아합니다.
我喜欢看电影。

运动	운동하다	画画	그림그리다
玩	놀다	跳舞	춤추다

我喜欢 _______________________。

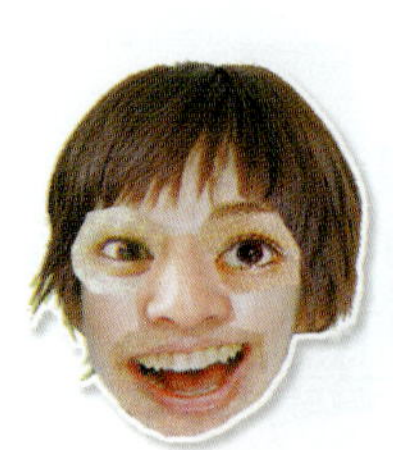

보고 바로 쓰는 말! 말! 말!

초청	야오칭	邀请

저녁에 시간이 있으십니까?
晚上有时间吗?
완샹 요 스지엔 마?

오늘 저녁에 만찬이 있는데, 오실 수 있습니까?
今天晚上有晚会，你能来吗?
진티엔 완샹 요 완후이 니 넝 라이 마

➡ 매우 좋습니다. 기꺼이 하겠습니다.
太好了，我很愿意。
타이 하오 러 워 헌 위엔이

친구를 데리고 가도 됩니까?
我能带朋友去吗?
워 넝 따이 펑요우 취 마

죄송합니다. 저는 시간이 없습니다.
对不起，我没时间。
뚜이부치 워 메이 스지엔

약속	위에후이	约会

어디서 만날까요?
我们在哪儿见面?
워먼 짜이 날 지엔미엔

제가 7 시에 당신을 데리러 오겠습니다.
我七点来接你。

제가 10 시에 당신을 만나러 오겠습니다.
我十点来找你。

몇 시까지 가야합니까?
我该几点到？

문 앞에서 만납시다.
我们在门口儿见面。

노래부르기   창꺼   唱歌

노래를 부르려면 어디로 가야합니까?
我们去什么地方可以唱歌？
워먼 취 선머 띠팡 커이 창꺼

한시간에 얼마입니까?
一小时多少钱？
이샤오스 뚸샤오 치엔

어떤 노래를 좋아하십니까?
你喜欢什么样的歌？
니 시환 선머양 더 꺼

저는 노래를 잘 부르지 못합니다.
我唱得不好。
워 창 더 뿌 하오

저는 노래부르는 것을 좋아합니다.
我喜欢唱歌。
워 시환 창꺼

정말 듣기 좋습니다.
真好听。
쩐 하오 팅

당신 노래가 듣고 싶습니다.
我想听你唱的。
워 샹 팅 니 창 더

저는 엣날 노래 밖에 모릅니다.
我只知道老歌。
워 즈 즈다오 라오꺼

선곡하십시오.
请你点一首歌。
칭 니 디엔 이 쇼우 꺼

앵콜!
再来。
짜이라이

춤추기　　타오우　　跳舞

저는 춤추는 것을 좋아합니다.
我喜欢跳舞。
워 시환 타오우

저는 춤을 추러 가고 싶습니다.
我想去跳舞。
워 샹 취 타오우

이 근처에 나이트가 있습니까?
这儿附近有舞厅吗?
쩔 푸진 요 우팅 마

입장료가 얼마입니까?
门票多少钱?
먼파오 뛰샤오 치엔

제가 댁까지 바래다 드리겠습니다.
我送你回家吧。
워 쏭 니 후이지아 바

다음에 뵙겠습니다.
下次再见。
샤 츠 짜이지엔

기회가 되면 다시 뵙겠습니다.
下次有机会再见。
샤 츠 요 지후이 짜이지엔

바라는 바입니다. 감사합니다.
我很愿意, 谢谢。
워 헌 위엔이 셰셰

오늘 밤 아주 즐거웠습니다.
今晚过得真愉快。
찐완 꿔 더 쩐 위콰이

아주 즐겁게 놀았습니다.
玩得很痛快。
완 더 헌 통콰이

오늘 매우 즐거웠습니다. 감사합니다.
今天过得很高兴, 十分感谢。
찐티엔 꿔 더 헌 까오싱 스펀 간셰

2 운동

▶ 이 글을 중국 사람에게 펴서 보여 주세요.

我是来旅游的。
语言不通有很多困难。
请回答一下下面的问题。

저는 여행객입니다.
말이 통하지 않아 곤란합니다.
아래 질문에 대답해 주십시오.

1 나는 수영을 좋아합니다.
我喜欢游泳。

| 打乒乓球 | 탁구 치다 | 滑雪 | 스키를 타다 |
| 滑冰 | 스케이트를 타다 | 打排球 | 배구를 하다 |

我喜欢 ____________ 。

2 골프를 치실 줄 아십니까?
会打高尔夫球吗?

| 网球 | 테니스 | 保龄球 | 볼링 |
| 羽毛球 | 배드민턴 | 乒乓球 | 탁구 |

会打 ____________ 吗?

3

저는 축구를 하는 것은 좋아하지 않지만 시합 보는 것은 좋아합니다.

我不喜欢踢足球，但喜欢看比赛。

| 打棒球 | 야구하다 | 打篮球 | 농구하다 |

我不喜欢______________，但喜欢看比赛。

4

수영복을 빌릴 수 있습니까?

可以租游泳衣吗？

| 游泳帽子 | 수영모자 | 球拍 | 라켓 |
| 球 | 공 | 网球场 | 테니스코트 |

可以租______________吗？

5

이 근처에 볼링장이 있습니까?

这儿附近有保龄球场吗？

| 游泳池 | 수영장 | 运动场 | 운동장 |
| 体育馆 | 체육관 | 台球厅 | 당구장 |

这儿附近有______________吗？

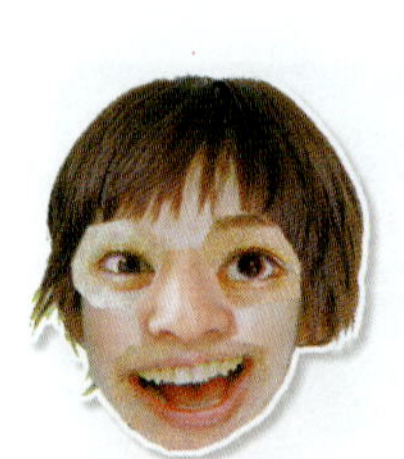

입장	루창	入场

입장권은 어디서 삽니까?
门票在哪儿买?
먼퍄오 짜이 날 마이

입장료는 얼마입니까?
门票多少钱?
먼퍄오 뚸샤오 치엔

한 시간에 얼마입니까?
一个小时多少钱?
이 거 샤오스 뚸샤오 치엔?

운동설비	윈똥서뻬이	运动设备

호텔 안에 수영장이 있습니까?
饭店里有游泳池吗?
판디엔리 요 요우용츠 마

물이 별로 깨끗하지 않습니다.
水不太干净。
수이 부 타이 깐징

얼마나 더 기다려야 합니까
还要等多长时间?
하이야오 덩 뚸창 스지엔

골프 시설이 있습니까?
有没有高尔夫球设备？
요메이요 까오얼푸치우 서뻬이

그 외에 어떤 운동 시설이 있습니까?
另外有什么运动设备？
링와이 요 선머 윈똥 서뻬이

볼링장은 어디에 있습니까?
保龄球场在哪儿？
바올링치우창 짜이 날

몇 시부터 몇 시까지 문을 엽니까?
从几点到几点开门？
총 지 디엔 따오 지 디엔 카이먼

옷은 어디에 보관합니까?
把衣服保存在哪儿？
바 이푸 바오춘 짜이 날

다른 공으로 바꿀 수 있습니까?
可以换别的球吗？
커이 환 비에 더 치우 마

당구를 쳐 보신 적이 있습니까?
你打过台球吗？
니 따궈 타이치우 마

 칸싸이 看赛

저는 월드컵을 보고 싶습니다.
我想看世界杯。
워 샹 칸 스지에뻬이

저는 리듬체조 보는 것을 좋아합니다.
我喜欢看艺术体操。
워 시환 칸 이슈티차오

▶ 이 글을 중국 사람에게 펴서 보여 주세요.

我是来旅游的。
语言不通有很多困难。
请回答一下下面的问题。

저는 여행객입니다.
말이 통하지 않아 곤란합니다.
아래 질문에 대답해 주십시오.

나는 **경극**에 관심이 있습니다.
我对**京剧**很有兴趣。

电影	영화	杂技	써커스
话剧	연극	音乐会	음악회

☞ 我对＿＿＿＿＿＿＿＿＿＿＿＿＿很有兴趣。

50원짜리 표를 **두 장** 주십시오.
给我**两张 50块**的。

三张·明天	세 장·내일	一张·中间	한 장·중간자리
一张·儿童	한 장·어린이	十张·团体	열 장·단체

☞ 给我＿＿＿＿＿＿＿＿＿＿＿＿＿的。

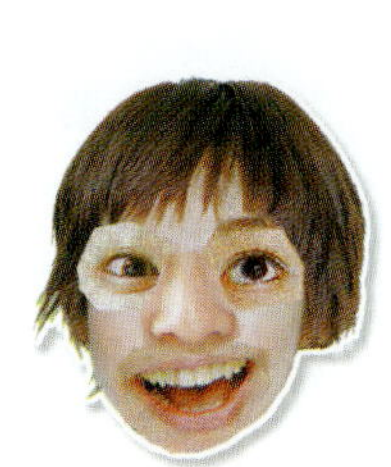

일정	르청	日程

어디서 경극을 볼 수 있습니까?
在哪儿能看京剧?
짜이 날 넝 칸 징쥐

수도극장이 어디입니까?
首都剧场在哪儿?
쇼우뚜쥐창 짜이 날

최근에 어떤 공연이 있습니까?
最近有什么表演?
쭈이진 요 선머 뱌오이엔

몇 시에 시작합니까?
几点开演?
지 디엔 카이엔

몇 시까지 합니까?
到几点?
따오 지 디엔

몇일까지 공연합니까?
演到几号?
이엔 따오 지 디엔

어디서 표를 삽니까?
在哪儿买票？
짜이 날 마이 퍄오

표는 한 장에 얼마입니까?
票多少钱一张？
퍄오 뚸샤오 치엔 이 장

학생표는 얼마입니까?
学生票多少钱？
쉬에셩퍄오 뚸샤오 치엔

프로그램 팜플렛을 하나 주십시오.
给我一份节目单。
게이 워 이 펀 지에무딴

오늘표가 아직 있습니까?
今天票还有吗？
찐티엔 퍄오 하이 요 마

좌석을 예약하려고 합니다.
我要预定座位。
워 야오 위띵 주어웨이

다음주 월요일 표를 두 장 주십시오.
给我两张下周一的票。
게이 워 량 장 샤조 이 더 퍄오

이 좌석은 어디입니까?
这个座位在哪儿？
쩌 거 쭈어웨이 짜이 날

표를 좀 보여주십시오.
给我看看你的票。
게이 워 칸칸 니 더 퍄오

무슨 내용입니까?
是什么内容?
스 선머 네이롱

아직 본 적이 없습니다.
我还没看过。
워 하이 메이 칸 궈

감상　　간샹　　感想

나는 아주 좋아합니다.
我很喜欢。
워 헌 시환

관심이 없습니다.
没兴趣。
메이싱취

아주 재미있습니다.
很有意思。
헌 요우이스

별로 재미없습니다.
没什么意思。
메이선머이스

못 알아듣겠습니다.
听不懂。
팅부똥

무슨 내용인지 모르겠습니다.
不知道什么内容。
뿌즈다오 선머 네이롱

 기타

1
코닥필름으로 주십시오.
给我一个柯达的胶卷。

富士	후지	二十四张	24장
黑白	흑백	三十六张	36장

 给我一个 ______________ 的胶卷。

2
저는 한국에서 왔습니다.
我是从韩国来的。

汉城	서울	大田	대전
广州	광주	釜山	부산

 我是从 ______________ 来的。

경극

3

당신은 중국에서 어디에 가 보셨습니까?
你在中国还去过哪儿?

⇨ 상하이에 가 보았습니다.
我去过上海。

| 广州 | 꽝조우 | | 沈阳 | 션양 |

我去过 ＿＿＿＿＿＿＿＿＿＿＿＿＿＿＿ 。

4

나는 내몽고를 좋아합니다.
我喜欢内蒙古。

| 桂林 | 꾸이린 | | 杭州 | 항조우 |
| 新疆 | 신장 | | 云南 | 윈난 |

我喜欢 ＿＿＿＿＿＿＿＿＿＿＿＿＿＿ 。

5

백두산은 정말 아름답습니다.
长白山很美。

| 西湖 | 시후 | | 西藏 | 시장 |

＿＿＿＿＿＿＿＿＿＿＿＿＿＿＿＿ 很美。

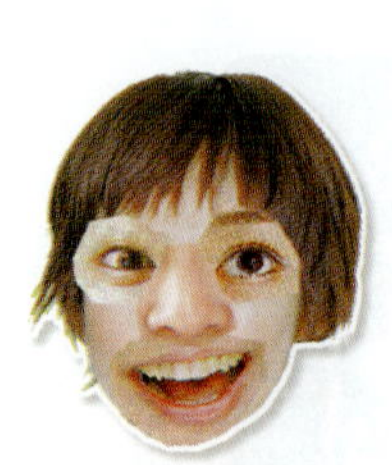

<table>
<tr><td>사 진</td><td>자오샹</td><td>照相</td></tr>
</table>

사진 한 장만 찍어 주시겠습니까?
帮我照一张相好吗？
빵 워 자오 이 장 샹 하오 마

저랑 같이 사진 찍으시지요.
跟我一起照吧。
껀 워 이치 자오 바

필름을 하나 사려고 합니다.
我要买一个胶卷。
워 야오 마이 이 거 쟈오쥐엔

칼라로 주십시오.
给我彩色的。
게이 워 차이서 더

현상하는데 얼마입니까?
冲洗多少钱？
총시 뚸샤오치엔

장당 한 장씩 현상해 주십시오.
每张底片洗一张。
매이장 띠피엔 시 이 장

확대 해 주십시오.
请把这张放大一下。
칭 바 쩌 장 팡 따 이샤

언제 찾을 수 있을까요?
什么时候能取？
선머스호우 넝 취

카메라가 고장났습니다.
照相机坏了。
자오샹지 화이 러

카메라를 수리할 수 있습니까?
这儿能修相机吗？
쩔 넝 시우 샹지 마

소 개　　　지에샤오　　　介绍

저는 한국 사람입니다.
我是韩国人。
워 스 한궈런

저는 한국에서 왔습니다.
我是从韩国来的。
워 스 총 한궈 라이 더

당신은 어느 나라 사람입니까?
你是哪国人？
니 스 나궈런

당신은 어디에서 오셨습니까?
你是从哪儿来的？
니 스 총 날 라이 더

당신의 이름은 무엇입니까?
你叫什么名字？
니 쟈오 선머 밍즈

저는 장국영입니다.
我叫张国荣。
워 지아오 장궈롱

알게 되어 반갑습니다.
认识你我很高兴。
런스 니 어 헌 까오싱

여기에 오신지 얼마나 되셨습니까?
你来这儿有多久了?
니 라이 쩰 요 뚜어지우 러

➡ 일주일되었습니다.
我来了一个星期了。
니 라이 러 이 거 싱치 러

이전에 여기 와 본 적이 있으십니까?
以前你来过这儿吗?
이치엔 니 라이 궈 쩰 마

저는 처음 왔습니다.
这是我第一次来的。
쩌 스 워 띠 이 츠 라이 더

작년에 왔었습니다.
我去年来过。
워 취니엔 라이 궈

당신은 혼자 오셨습니까?
你是一个人来的吗?
니 스 이 거 런 라이 더 마

➡ 아닙니다. 친구와 함께 왔습니다.
不是, 我跟朋友一起来了。
부스 워 껀 펑요우 이치 라이 더

어떤 곳을 가 보셨습니까?
你还去过什么地方?
니 하이 취 궈 선머 띠팡

어느 곳이 좋다고 느끼십니까?
你觉得哪儿好？
니 쥐에더 날 하오

한 곳만 추천해 주십시오.
给我推荐一下一个地方。
게이 워 투이지엔 이샤 이 거 띠팡

꾸이린의 풍경이 정말 아름답습니다.
桂林的风景很美。
꾸이린 더 펑징 쩐 메이

샹하이에는 맛있는 음식이 많습니다.
上海有很多好吃的。
샹하이 요 헌 뚜어 하오 츠 더

하얼삔은 정말 춥습니다.
哈尔滨很冷。
하얼삔 헌 렁

운동

운동	运动	윈똥
축구	足球	주치우
탁구	乒乓球	핑팡치우
배구	排球	파이치우
볼링	保龄球	바오링치우
골프	高尔夫球	까오얼푸치우
당구	台球	타이치우
수영	游泳	요우용
스키	滑雪	화쉬에
스케이트	滑冰	화삥
야구	棒球	빵치우
테니스	网球	왕치우
배드민턴	羽毛球	위마오치우

공연

공연	演出	이엔추
경극	京剧	찡쥐
격투	武打	우다
잡기	杂技	자지
분장	脸谱	리엔푸
주인공	主角	주지아오
연출	演出	이엔추
노래곡조	唱腔	창치앙

대사	道白	따오바이
좌석	座位	쭈어웨이
입장료	门票	먼퍄오
박수	鼓掌	구장
마술	魔术	모수
서커스	杂技	자지

관광안내소	旅游介绍处	뤼요우지에샤오추
가이드	导游	다오요우
안내책자	介绍手册	지에샤오쇼우처
수속	手续	쇼우쉬
매표소	售票处	쇼우퍄오추
입장료	门票	먼퍄오
매진	满员	만위엔
개관시간	开关时间	카이꽌스지엔
폐관시간	闭馆时间	삐관스지엔
엽서	明信片	밍신피엔
어른	大人	따런
어린이	儿童	얼퉁
학생	学生	쉬에셩
외국인	外国人	와이궈런
단체	团体	퇀티
개인	个人	거런

卡拉OK　　가라오케

베이징 곳곳에는 한국노래와 북한 노래를 부를 수 있는 노래방, 가라오케 등이 많다. 우리 나라 사람들만큼이나 여흥을 즐기는 중국인들. 곳곳에서 우리 나라의 단란 주점이나 룸살롱과 같은 형태의 가라오케를 쉽게 볼 수 있다. 대부분은 중국, 일본 노래이며 조선족들이 경영하는 곳이나 한국인들이 많은 곳에는 한국노래가 있는 가라오케, 노래방들도 볼 수 있다.

自酿鲜啤　　자가맥주

와! 맛있겠다. 상점에서 직접 제조한 생맥주가 통 가득 담겨 있다.

생맥주

小卖部　　간이 매점

길가에서 쉽게 볼 수 있는 간이 매점으로 간단한 식품 및 필름 등을 구입할 수 있다.

간이매점

北京中包国际旅行票务部

베이징 중보 국제 여행사 매표소

航空铁路售票处 : 항공 철도 매표소

우리나라 여행사와 마찬가지로 항공권 및 기차표를 대리 발급해주는 곳이다. 기차표의 경우, 어느 정도의 수수료가 있긴 하지만 직접 역이나 시내매표소까지 가는 번거로움을 덜고 원하는 시간의 표를 구해줄 수 있으므로 초보 여행자라면 호텔프런트나 이런 대리매표소를 이용하는 것이 좋겠다.

浴池　목욕탕

근래에는 한국식으로 욕탕을 갖춘 목욕탕 및 사우나가 많이 생기고 있다. 원래 중국식 사우나에는 욕탕이 없고 증기실에 샤워시설만 갖춰져 있다.

收费公厕　유료 공중화장실

베이징 시내에서는 길거리 어디서나 유료 화장실을 쉽게 찾아볼 수 있다. 때문에 길에서 난처한 상황을 만나도 전혀 미안해하지 않으면서 위기를 모면할 수 있다. 일반적으로 0.3 ~ 0.5 원이며 곳에 따라서는 한 번 사용할 수 있는 정도의 휴지를 주기도 한다. 유료이기 때문에 관리원도 있고 비교적 청결하다. 아직도 시내 구석구석에 무료 푸세식 화장실도 발견할 수 있다. (이런 화장실엔 문이 없대요!)

北京派出所
베이징파이추소어
베이징파출소
警察
징차
경찰
北医十三院
베이싼위엔
병원
公安车辆
꽁안처
경찰차
公安
挂号处
꽈하오추
접수처
门诊部
원쩐뿌
진찰실
医生/大夫
이셩/따이푸
의사
护士
후스
간호사
患者
환저
환자
急

긴급
파이추소어
파출소
派出所
Police Station
药店
야오디엔
약국
北京 药店
交通事故
쟈오통쓰구
교통사고
小偷
샤오토우
소매치기
지쩐스
응급실
诊室
한궈따스관
한국대사관
韩国大使馆
120

 **1** 분실·도난

▶ 이 글을 중국 사람에게 써서 보여 주세요.

我是来旅游的。
语言不通有很多困难。
请回答一下下面的问题。

저는 여행객입니다.
말이 통하지 않아 곤란합니다.
아래 질문에 대답해 주십시오.

1 여권을 잃어버렸습니다.
我丢了护照。

| 钱包 | 지갑 | 包 | 가방 |
| 信用卡 | 신용카드 | 手机 | 핸드폰 |

 我丢了＿＿＿＿＿＿＿＿＿＿＿＿＿。

2 공안국이 어디입니까?
公安局在哪儿?

| 韩国大使馆 | 한국대사관 | 派出所 | 파출소 |
| 领事馆 | 영사관 | 韩国公司 | 한국 회사 |

＿＿＿＿＿＿＿＿＿＿＿＿＿＿在哪儿?

○ 한국대사관

3 지하철에 가방을 놓아두었습니다.
我把包落在地铁里了。

| 公共汽车 | 버스 | 火车 | 기차 |
| 出租车 | 택시 | 银行 | 은행 |

 我把包落在＿＿＿＿＿＿＿＿里了。

4 여권 재발급에는 무엇이 필요합니까?
护照重新发行时需要什么？

| 航空券 | 항공권 | 信用 | 신용카드 |
| 旅行支票 | 여행자수표 |

 ＿＿＿＿＿＿＿＿＿重新发行时需要什么？

5 한국대사관에 전화를 걸어주십시오.
请帮我打电话给韩国大使馆。

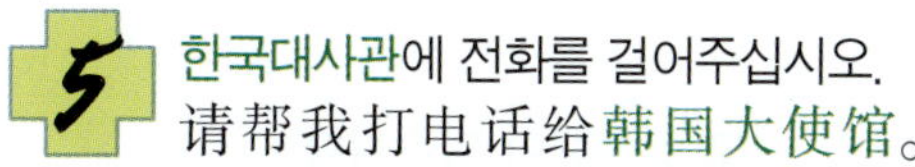 请帮我打电话给＿＿＿＿＿＿＿＿。

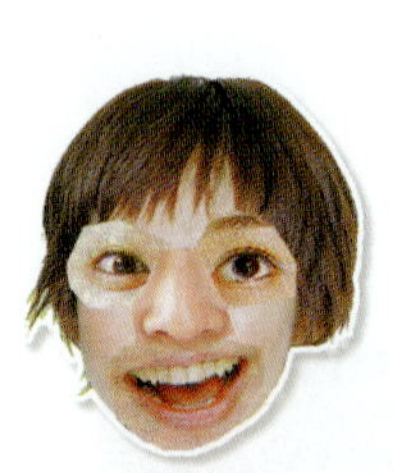

보고 바로 쓰는 말! 말! 말!

분실 신고는 어떻게 합니까?
遗失报警怎么报？
이스 빠오징 전머 빠오

혹시 제 지갑을 못 보셨습니까?
你有没有看到我的钱包？
니 요메이요 칸 따오 워 더 치엔빠오

찾는 걸 도와주십시오.
请帮我找一找。
칭 빵 워 자오 이 자오

어떤 가방입니까?
是什么样的包？
스 선머양 더 빠오

❏ 검은 색 핸드백입니다.
是黑色的手提包。
스 헤이서 더 쇼우티빠오

안에 무엇이 들어있습니까?
里面有什么？
리미엔 요 선머

❏ 지갑과 핸드폰, 여권 그리고 신분증이 있습니다.
有钱包、手机、护照还有身份证。
요 치엔빠오, 쇼우지, 후쟈오 하이요 선펀쩡

234

여기 치안 상태는 좋습니다.
这儿的治安状况很好。
즈안 장쾅 헌 하오

신고 전화는 110번입니다.
报警电话是 110。
빠오징 뗸화 스 야오야오링

언제 잃어버리셨습니까?
是什么时候丢的?
스 선머스호우 띠우 더

어디서입니까?
是在什么地方?
스 짜이 선머 띠팡

아무 것도 모르겠습니다.
我什么都不知道。
워 선머 또 뿌 즈다오

아마도 어제 저녁인 거 같습니다.
可能是昨天晚上。
커넝 스 주어티엔 완상

방금 여기서입니다.
刚才在这儿。
깡차이 짜이 쩔

찾으면 연락 주십시오.
找到的话，请和我联络。
자오따오 더 화 칭 허 워 리엔로어

죄송합니다. 찾을 수가 없습니다.
对不起，找不到。
뚜이부치 자오부따오

12 전화·우체국

---

1 여기에서 국제전화를 걸 수 있습니까?
这儿能打国际电话?

⇨ 가능합니다./불가능합니다.
　能。/ 不能。

市内电话	시내전화	长途电话	장거리전화

👉这儿能打＿＿＿＿＿＿＿＿＿＿？

2 콜렉트콜로 전화하겠습니다.
我想用对方付钱打。

叫人电话	지명통화	叫号电话	번호통화

👉我想用＿＿＿＿＿＿＿＿＿＿打。

◑ 우체국

3 한국으로 전화를 걸려고 합니다.
我想往韩国打电话。

| 日本 | 일본 | 美国 | 미국 |
| 香港 | 샹강 | 加拿大 | 캐나다 |

☞ 我想往 ________________ 打电话。

4 우편엽서 3 장을 사려고 합니다.
我要买三张明信片。

| 两张·邮票 | 2장·우표 |
| 五张·信封 | 5장·우편 봉투 |

☞ 我要买 ________________ 。

5 편지가 여기서 서울까지 도착하는데 며칠이나 걸립니까?
从这儿往汉城寄信要几天到？

| 东京 | 도쿄 | 香港 | 샹강 |
| 上海 | 샹하이 | 广州 | 꽝조우 |

☞ 从这儿往 ________________ 寄信要几天到？

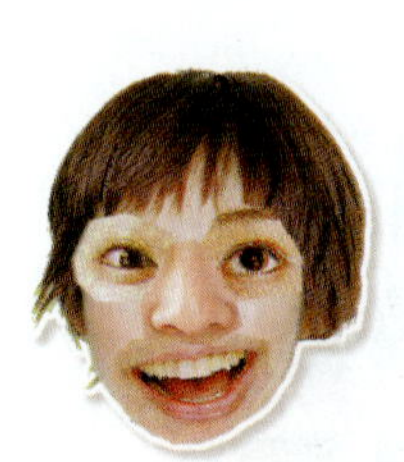

| 공중전화 | 꽁용뗀화 | 公用电话 |

전화카드는 어디서 팝니까?
电话卡在哪儿买？
떼화카 짜이 날 마이

공중전화는 어디는 어디에 있습니까?
公用电话在哪儿？
꽁용뗀화 짜이 날

백원짜리 IC카드를 주십시오.
给我一百元的 IC卡。
게이 워 이바이 위엔 더 아이씨 카

여기에서 가장 가까운 공중 전화는 어디입니까?
离这儿最近的公用电话在哪儿？
리 쩔 쭈이진 더 공용뗀화 짜이 날

1분에 얼마입니까?
一分钟多少钱？
이 펀 중 뚸샤오 치엔

보증금을 지불해야 합니까?
要付押金吗？
야오 푸 야진 마

여기 전화를 쓸 수 있습니까?
可以用你这儿的电话吗？
커이 용 니 쩔 더 뗀화 마

이 전화는 어떻게 사용합니까?
怎么用这个电话?
전머 용 쩌 거 뗀화

● 우선 0번을 누르십시오.
先拨零。
시엔 뽀 링

장거리 전화를 걸고 싶습니다.
我想打长途电话。
워 샹 따 창투뗀화

| 국제전화 | 궈지뗀화 | 国际电话 |

여기서 국제 전화를 걸 수 있습니까?
这儿可以打国际电话吗?
쩔 커이 따 궈지뗀화 마

직통입니까?
能直拨吗?
넝 즈뽀 마

천천히 말씀해 주십시오.
请慢点儿说。
칭 만 뎔 슈어

잘 안 들립니다.
听不清楚。
팅 부 칭추

크게 말씀 해 주시겠습니까?
大声一点儿说好吗?
따셩 이뎔 슈어 하오 마

다시 걸어주시겠습니까?
再给我打好吗?
짜이 게이 워 따 하오 마

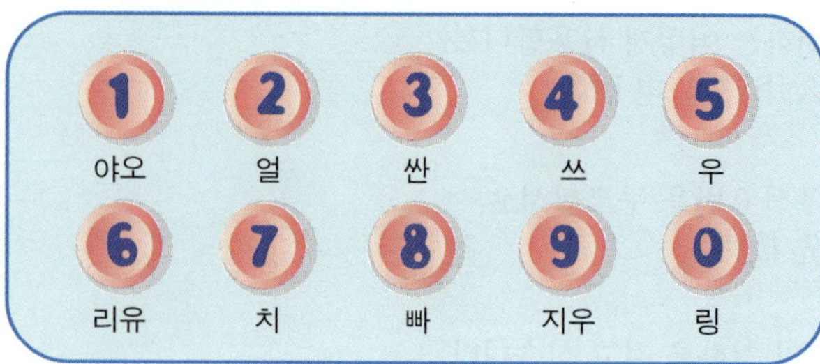

저는 중국어를 못 합니다.
我不会说中文。
워 부 후이 슈어 쭝원

한국어를 할 줄 아시는 분이 있습니까?
有没有会说韩国话的人？
요 메이요 후이 슈어 한궈화 더 런

한국의 국가 번호는 몇 번입니까?
韩国的国际号码是多少？
한궈 더 궈지하오마 스 뚸샤오

지명전화를 하고 싶습니다.
我要打叫人电话。
워 야오 따 쟈오런뗸화

그의 전화번호는 몇 번입니까?
他的电话号码是多少？
타 더 뗸화하오마 스 뚸샤오

상대방의 전화번호를 말씀해 주십시오.
请告诉我对方的电话号码。
칭 까오수 워 뚜이팡 더 뗸화하오마

2675 에 7761 번입니다.
2675-7761。
얼류치우 치치류야오

성함을 말씀해 주십시오.
请告诉我你的名字。
칭 까오수 워 니 더 밍즈

전화를 끊고 잠시 기다려 주십시오.
请挂电话，稍等一下。
칭 꽈 뗀화 샤오 덩 이샤

아무도 받지 않습니다.
没人接。
메이 런 지에

통화중입니다.
占线。
잔 시엔

잠시 후에 다시 걸어주십시오.
过一会儿再打吧。
꿔 이훨 짜이 따 바

다시 한 번 말씀해 주십시오.
请再说一遍。
칭 짜이 슈어 이 비엔

통화가 끝나시면 교환에게 말씀해 주십시오.
讲完了以后，请告诉总机。
쟝 완러 이호우 칭 까오수 종지

통화하기	통뗀화	通电话

여보세요?
喂？
웨이

저는 김대성입니다.
我是金大成。
워 스 진따청

누굴 찾으십니까?
你找谁?
니 자오 쉐이

423 호를 부탁합니다.
请转 423 号房间。
칭 좐 쓰얼싼 하오 팡지엔

이선생님을 부탁드립니다.
请转李先生。
칭 좐 리 시엔성

301 호의 임 양을 부탁드립니다.
我找 301 的林小姐。
워 쟈오 싼링야오 더 린 샤오지에

잠시만 기다리십시오.
你等一下。
니 덩 이샤

잘 못 거셨습니다.
你打错了。
니 따 추어 러

그에게 제가 전화했었다고 전해주십시오. 저는 박미영입니다.
请你转告他，我来过电话。我叫朴美玲。
칭 니 좐까오 타 워 라이궈 뗀화. 워 쟈오 파오메이링

<table>
<tr><td>팩스</td><td>촨쩐</td><td>传真</td></tr>
</table>

FAX 를 보내려고 합니다.
我想发一份传真。
워 샹 파 이 펀 촨쩐

한국으로 FAX 를 보낼 수 있습니까?
我要往韩国发一份传真可以吗?
워 야오 왕 한궈 이 펀 촨쩐 커이 마

여기에서 FAX를 받을 수 있습니까?
这儿能收传真吗?
쩔 넝 쇼우 촨쩐 마

한 장에 얼마입니까?
一张多少钱?
이 장 뚸샤오 치엔

우체국   요우쥐   邮局

여기에서 가장 가까운 우체국이 어디입니까?
离这儿最近的邮局在哪儿?
리 쩔 쭈이진 더 요우쥐 짜이 날

이 근처에 우체국이 있습니까?
这儿附近有邮局吗?
쩔 푸진 요 요우쥐 마

항공우편을 보내려고 합니다.
我要寄一封航空信。
워 야오 지 이 펑 항콩신

243

3 질병

我是来旅游的。
语言不通有很多困难。
请回答一下下面的问题。

저는 여행객입니다.
말이 통하지 않아 곤란합니다.
아래 질문에 대답해 주십시오.

1 어디가 아프십니까?
哪儿疼？

⇨ 몸이 안 좋습니다.
我不舒服。

| 我动不了 | 움직일 수가 없습니다 |
| 没劲儿 | 기운이 없습니다 |

2 배가 너무 아픕니다.
肚子疼的很厉害。

| 牙 | 이 | 肚子 | 배 |
| 腰 | 허리 | 脖子 | 목 |

☞ ＿＿＿＿＿＿＿＿＿＿＿＿＿＿ 疼的很厉害。

3 외과가 어디입니까?
外科在哪儿?

| 眼科 | 안과 | 儿科 | 소아과 |
| 内科 | 내과 | 牙科 | 치과 |

☞ ____________________ 在哪儿？

4 병원이 문을 열었습니까?
医院开了吗?

| 诊所 | 작은 병원 | 药店 | 약국 |
| 急诊室 | 응급실 | 注射室 | 주사실 |

☞ ____________________ 开了吗？

5 이 약은 어떻게 먹습니까?
这个药怎么吃?

⇨ 하루 3번.
一天三次。

| 饭前 | 식전 | 疼时 | 아플 때 |
| 饭后 | 식사 후 | 睡前 | 취침 전 |

☞ ____________________ 。

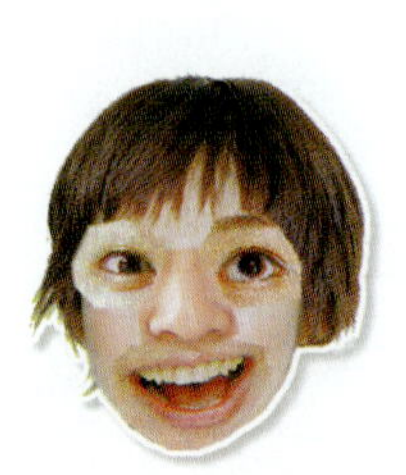

병원　　　　　이위엔　　　　　医院

이 근처에 병원이 있습니까?
这儿附近有医院吗?
쩔 푸진 요 이위엔 마

의사를 불러주시겠습니까?
请叫医生好吗?
칭 쟈오 이성 하오 마

저를 병원에 데려다 주십시오.
请你带我去医院。
칭 니 따이 워 취 이위엔

구급차를 불러 주십시오.
请叫急救车。
칭 쟈오 지치우처

도와주십시오.
请快来帮帮我。
칭 콰이라이 빵 빵 워

구급차를 부르려면 120번으로 전화하십시오.
要救护车可以拨120电话。
야오 치우후처 커이 뽀 야오얼링 뎬화

침을 맞고 싶습니다.
我想扎针灸。
워 샹 자 쩐지우

안마를 받고 싶습니다.
我要坐按摩。
워 야오 쭈어 안모

저는 쉽게 피로해 집니다.
我很容易疲劳。
워 헌 롱이 피라오

몸이 안 좋습니다.
我身体不舒服。
워 션티 부 수푸

갑자기 몸이 안 좋아졌습니다.
我身体突然不舒服。
워 션티 투란 부 수푸

조금도 움직일 수가 없습니다.
一点儿也不能动。
이뎔 예 뿌 넝 똥

몹시 아픕니다.
我很疼。
워 헌 텅

먹을 수가 없습니다.
我吃不下。
워 츠 부 샤

잠을 잘 수가 없습니다.
我睡不着觉。
워 수이부지아오 쟈오

어지럽습니다.
头晕。
토우윈

배가 아픕니다.
肚子疼。
뚜즈텅

머리가 아픕니다.
头疼。
토우텅

목이 아픕니다.
嗓子疼。
쌍즈텅

기침이 납니다.
咳嗽。
커소우

열이 납니다.
发烧。
파샤오

차멀미를 합니다.
晕车。
윈 처

감기에 걸린 것 같습니다.
我觉得感冒了。
워 쥐에더 깐마오 러

식욕이 없습니다.
没有胃口。
메이요 웨이코우

기운도 없고 밥맛도 없습니다.
没有劲，还有不想吃东西。
메이요 질 하이요 뿌 샹 츠 동시

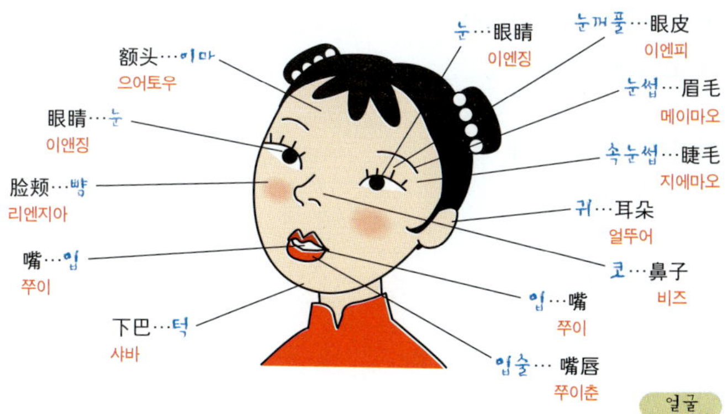

额头…이마
으어토우
眼睛…눈
이앤징
脸颊…빰
리엔지아
嘴…입
쭈이
下巴…턱
샤바
눈…眼睛
이엔징
눈꺼풀…眼皮
이엔피
눈썹…眉毛
메이마오
속눈썹…睫毛
지에마오
귀…耳朵
얼뚜어
코…鼻子
비즈
입…嘴
쭈이
입술…嘴唇
쭈이춘
얼굴

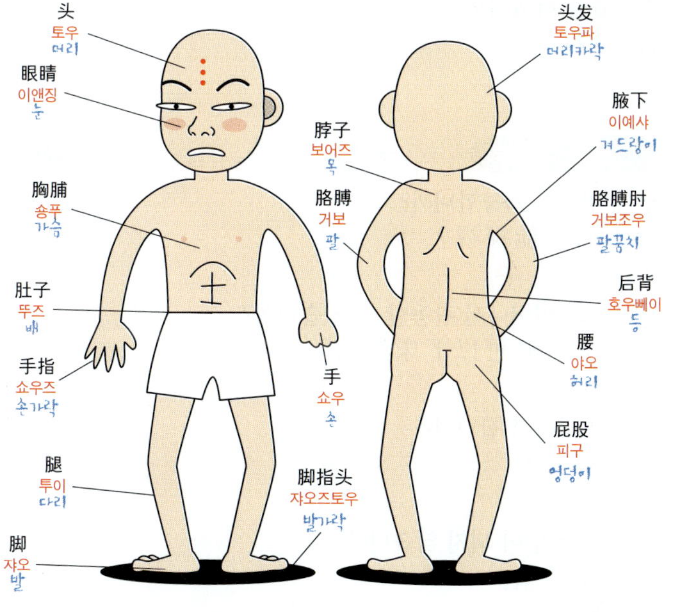

头
토우
머리
眼睛
이앤징
눈
胸脯
숑푸
가슴
肚子
뚜즈
배
手指
쇼우즈
손가락
腿
투이
다리
脚
쟈오
발
脖子
보어즈
목
胳膊
거보
팔
手
쇼우
손
脚指头
쟈오즈토우
발가락
头发
토우파
머리카락
腋下
이예샤
겨드랑이
胳膊肘
거보조우
팔꿈치
后背
호우뻬이
등
腰
야오
허리
屁股
피구
엉덩이
신체

저는 민감성체질입니다.
我是敏感性体质。
워 스 민간싱 티즈

여전히 그렇습니다.
还是那样。
하이스 나양

저는 임신했습니다.
我怀孕了。
워 하이윈 러

입을 벌리십시오.
张开嘴。
장카이 쭈이

심호흡을 하십시오.
深呼吸。
션후시

| 입 원 | 주위엔 | 住院 |

언제 면회가 가능합니까?
什么时候能探视？
선머스호우 넝 탄스

언제부터 일어나서 활동할 수 있습니까?
我什么时候可以下床活动？
워 선머스호우 커이 샤 촹 훠동

주사를 맞아야 합니까?
需要打针？
쉬야오 따 전

이 병은 전염이 되지 않습니다.
这病不传染。
쩌 삥 뿌 촨란

저는 페니실린 알레르기가 있습니다.
我对青霉素过敏。
워 뚜이 칭메이수 꿔민

처방전을 써 주십시오.
请给我开药方。
칭 게이 워 카이야오팡

하루에 몇 번 먹어야 합니까?
一天吃几次？
이 티엔 츠 지 츠

꿀꺽 삼켜야 하나요?
我必须吞服吗？
워 삐쉬 툰푸 마

하루 세 번 [식전/식후]에 드십시오.
一天三次，吃[饭前/饭后]服用。
이 티엔 싼 츠 츠 [판 치엔 / 판 호우] 푸 용

사 고   쓰구   事故

빨리 의사를 불러 주십시오.
请快叫大夫来。
칭 콰이 쟈오 따이푸 라이

경찰을 불러 주십시오.
请叫警察来。
칭 쟈오 징차 라이

사고가 났습니다.
出事故了。
추 쓰구 러

사람이 다쳤습니다.
有人受伤了。
요 런 쇼우샹 러

통역을 불러 주십시오.
我想请翻译。
워 샹 칭 판이

이것이 내 이름과 주소입니다.
这是我的姓名和地址。
쩌 스 워 더 싱밍 허 띠즈

의사선생님이 오실 수 있습니까?
大夫能来这儿吗?
따이푸 넝 라이 쩔 마

여기에 의사가 있습니까?
这儿有大夫吗?
쩔 요 따이푸 마

의사 선생님 한 분을 소개시켜 주십시오.
请推荐一位大夫。
칭 투이지엔 이 웨이 따이푸

모두 얼마입니까?
一共多少钱?
이공 뚸샤오 치엔

영수증을 끊어주십시오.
请开张收据。
칭 카이장 쇼우쥐

도둑맞다	被盗	뻬이따오
강도	强盗	창따오
소매치기	小偷	샤오토우
사고	事故	쓰구
공안국	公安局	꽁안쥐
파출소	派出所	파이추소어
경찰	警察	징차
공안	公安	꽁안
발생지점	发生地点	파셩띠디엔
연락주소	联系地址	리엔시띠즈
귀중품	贵重物品	꾸이중우핀
분실증명서	遗失证明书	이스쩡밍수
사고증명서	事故证明书	쓰구쩡밍수
재발행	重新发行	총신파싱

전화	电话	뗸화
전화기	电话机	뗸화기
전화박스	电话亭	뗸화팅
전화카드	电话卡	뗸화카
공중전화	公用电话	꽁용뗸화
장거리전화	长途电话	창투뗸화
국제전화	国际电话	궈지뗸화

시내전화	市内电话	스네이뗀화
콜렉트콜	对方付款	뚜이팡푸콴
번호지정통화	叫号电话	쟈오하오뗀화
지명통화	叫人电话	쟈오런뗀화
전화비	电话费	뗀화페이
전화번호	电话号码	뗀화하오마
지역번호	地区号码	띠취하오마
교환	总机	종지
교환원	话务员	화우위엔
내선	内线	네이시엔
외선	外线	와이시엔
통화중	占线	잔시엔
혼선	串线	촨시엔

우표	邮票	요우퍄오
우체통	邮筒	요우퉁
우편엽서	明信片	밍신피엔
편지봉투	信封	신펑
소포	包裹	빠오궈
속달	快递	콰이띠
등기	挂号	꽈하오
일반우편	平信	핑신

진찰실	门诊部	먼쩐뿌
응급실	急诊室	지쩐스
구급차	急救车 / 救护车	지치우처 / 지우후처
위급환자	危重病人	웨이쭝삥런
질병	疾病	즈삥
치료	治疗	즈랴오
접수창구	挂号处	꽈하오추
병원	医院	이위엔
의사	医生 / 大夫	이셩 / 따이푸
간호사	护士	후스
주사	打针 / 注射	따전 / 주서
수술	手术	쇼우수
입원	住院	주위엔
퇴원	出院	추위엔
X레이	X光片	X꽝시엔
기브스	石膏固定	스까오구딩

식중독	食物中毒	스우쭝두
위염	胃炎	웨이이엔
변비	便秘	삐엔미
소화불량	消化不良	샤오화뿌량
귀가 아프다	耳朵疼	얼도우텅
과민(알레르기)	过敏	꿔민
기침	咳嗽	커소어

두통	头疼	토우텅
치통	牙疼	야텅
위통	胃疼	웨이텅
후두통	喉头疼	호우토우텅
위염	胃炎	웨이옌
관절염	关节炎	꽌지에옌
요통	腰疼	야오텅
호흡곤란	呼吸困难	후시쿤난
발열	发烧	파샤오
어지럼	头晕	토우윈
생리통	痛经	텅징
구토	呕吐	오우투
고혈압	高血压	까오쉬에야
저혈압	低血压	띠쉬에야
빈혈	贫血	핀쉬에
화상	火伤	훠샹
내상	内伤	네이샹
외상	外伤	와이샹
천식	气喘	치똰
감기	感冒	깐마오

약	药	야오
약국	药局	야오쥐
처방전	药方	야오팡

양약	西药	중시야오
한약	中药	쭝야오
소화제	消化药	샤오화지
진통제	止痛片	즈텅야오
감기약	感冒药	간마오야오
아스피린	阿司匹林	아쓰피린
수면제	安眠药	안미엔야오
진정제	镇静剂	쩐징지
소독약	消毒药	샤오두야오
안약	眼药水	이엔야오수이
붕대	绷带	뻥따이
체온계	体温表	티원빠오
매번 한 알	每日一片	메이르 이 피엔
식전	饭前	판 치엔
식후	饭后	판 호우
아침에 복용	晨服	천 푸
잠자기 전 복용	睡前服	수이 치엔 푸
아플 때 복용	疼时服	텅스푸

복부	腹部	푸뿌
뇌	脑	나오
발목	脚腕	쟈오완
팔	胳膊	거보
팔꿈치	肘	쪼우

등	后背	호우뻬이
방광	膀光	팡꽝
피	血	쉬에
동맥	动脉	똥마이
정맥	静脉	장마이
뼈	骨	구
머리	头	토우
두피	头皮	토우피
얼굴	脸	리엔
이마	额头	으어토우
귀	耳朵	얼뚜어
눈	眼睛	이엔징
코	鼻子	비즈
입	嘴	쭈이
입술	嘴唇	쭈이천
혀	舌头	서토우
목	脖子	보어즈
목	嗓子	상즈
편도선	扁桃腺	피엔타오시엔
어깨	肩膀	지엔빵
어깨뼈	肩膀骨	지엔빵구
손	手	쇼우
손목	手腕	쇼우완
엄지손가락	拇指	무즈
손가락	手指	쇼우즈

손톱	指甲	즈지아
갈빗대	肋骨	레이구
피부	皮肤	피푸
척추	脊椎	지주이
유방	乳房	루팡
가슴	胸部	숑뿌
심장	心脏	신장
비장	脾	피
위	胃	웨이
장	肠	창
간	肝	깐
폐	肺	페이
콩팥	肾	션
생식기	生殖器	셩즈치
관절	关节	꽌지에
엉덩이	屁股	피구
허벅지	大腿	따투이
다리	腿	투이
발	脚	지아오
발가락	脚趾	쟈오츠
근육	肌肉	지로우
신경	神经	셔징
신경계통	神经系统	셔징시통

파출소 안내 표지판

西城公安分局西单商场派出所

시청취 공안분국 시단상점지국 파출소

파출소 안내 표지판. 여행도중 파출소를 찾는 일이 당연히 없어야겠지만 분실, 도난, 사고 등을 당하였을 경우 재빨리 파출소에 신고하자. 물론 신고 절차는 매우 까다롭고 복잡하다. 특히 여권과 비자는 분실하지 않도록 주의하자.

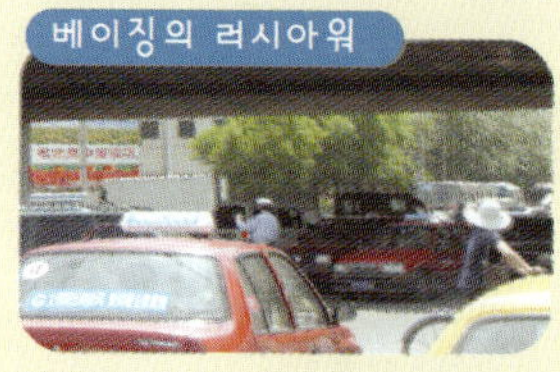

베이징의 러시아워

베이징의 복잡한 도심

현재 베이징의 교통 혼잡과 차 막힘은 매우 심하다. 서울의 러시아워는 저리 가라예요!

交通警察　　교통경찰

교통경찰

앗! 무슨 일이지? 교통 경찰 아저씨와 교통 순찰차를 바라보고 있는 시민들이 궁금해 하고 있다. 베이징 시내는 차량과 자전거의 행렬과 시민들로 극히 혼잡하다. 교통신호에 특히 유념하도록 한다.

公用电话　　공중전화

공중전화는 일반 동전 투입식과 우리 나라와 같은
일반 전화카드와 IC카드용이 있는데 현재는 점차
IC카드용 전화의 보급이 늘어나는 추세이다. 공중
전화로 시내·시외는 물론 국제 전화도 걸 수 있으
며, 야간과 휴일에는 할인 혜택도 주어진다.
금액은 30 원, 50 원, 100 원, 200 원권 등이 있다.

北医三院　　베이징의과대학 부설 제 3 병원

베이징, 샹하이 등 대도시에는 외국인들이 주로 많이 이용하는 병원들이
있다. 이런 곳은 외국어를 할 줄 아는 혹은 외국인 의사가 있으며 진료비는
중국인과 차등을 두어 비싼 경우가 많다. 소규모의 단과 병원보다는 좀더
위생적이고 믿을 만한 종합병원을 찾는 것이 좋다.

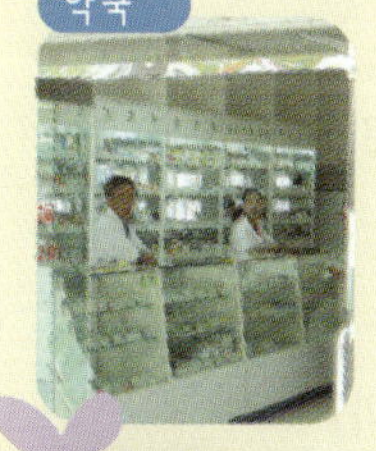

药局　　약국

약국에서는 한약과 양약을 같이 취급하고 있으
며 모든 종류의 약을 다 구할 수 있으나 두통약,
소화제, 기초 감기약 등은 챙겨 가는 것이 좋다.
한약재로 만든 물에 타먹는 감기약은 효과가 매
우 좋다.
아무리 작은 규모의 약국이라도 일반적인 상점
과 마찬가지로 약사에게 문의하여 약을 고른 후
계산대에서 계산을 한 후 다시 약사에게로 가 영
수증을 제출하고 약을 받는다.

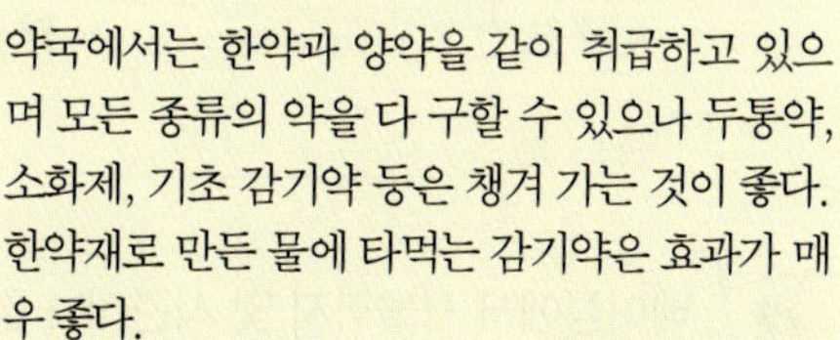

아홉. 귀국

1 귀국

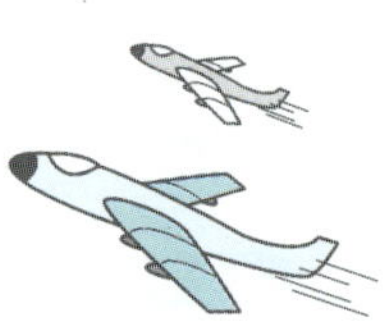

▶ 이 글을 중국 사람에게 펴서 보여 주세요.

我是来旅游的。
语言不通有很多困难。
请回答一下下面的问题。

저는 여행객입니다.
말이 통하지 않아 곤란합니다.
아래 질문에 대답해 주십시오.

손가락 STAGE

1 중국민항입니까?
喂！是中国民航吗？

(大韩航空) 대한항공   (韩亚航空) 아시아나

☞ 喂！是 ＿＿＿＿＿＿＿＿＿＿＿＿＿＿ 吗？

2 베이징에서 서울까지 몇 시간이나 걸립니까?
从北京到汉城需要几个小时？

(天津·仁川) 티엔진·인천   (青岛·釜山) 칭다오·부산

☞ 从 ＿＿＿＿＿＿ 到 ＿＿＿＿＿＿ 需要几个小时？

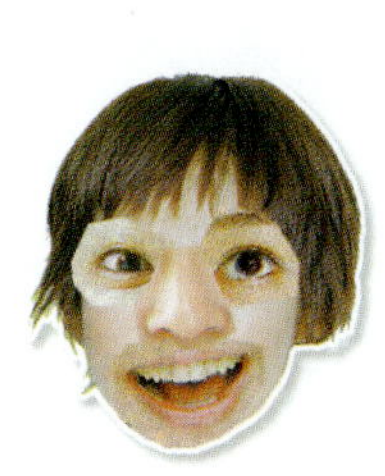

예약	위띵	预订

1월 2일 서울로 가는 비행기표 한 장을 예약하고 싶습니다.
我要订一张一月二号去汉城的。
워 야오 띵 이 장 이 위에 얼 하오 취 한청 더

다음주 화요일 부산으로 가는 자리가 있습니까?
下周二去釜山的有座位吗?
샤조얼 취 푸산 더 요 주어웨이 마

예약을 확인하려고 합니다.
我要确认一下预订。
워 야오 취에런 이샤 위띵

죄송합니다. 무슨 말씀이십니까?.
对不起，你说什么？
뚜이부치 니 슈어 선머

모르겠습니다.
我不知道。
워 뿌즈따오

어디에 씌여져 있습니까?
在哪儿写着呢？
짜이 날 시에 저 너

제 좌석과 탑승시간과 이륙시간을 확인하고 싶습니다.
我想确认一下我的座位和起飞时间。
워샹취에런 이샤 워 더 쭈어웨이 허 치페이 스지엔

어디서 수속을 합니까?
在哪儿办手续?
짜이 날 빤 쇼우쉬

이 가방을 가지고 탑승해도 됩니까?
这个包可以随身带上飞机吗?
쩌 거 빠오 커이 수이션 따이 샹 페이지 마

<table>
<tr><td>승무원</td><td>청우위엔</td><td>乘务员</td></tr>
</table>

한국 스튜어디스가 있습니까?
这里有韩国空姐吗?
쩔 요 한궈 콩지에 마

<table>
<tr><td>좌석</td><td>쭈어웨이</td><td>座位</td></tr>
</table>

제 자리는 어디입니까?
我的座位在哪儿?
워 더 주어웨이 짜이 날

이 좌석번호는 어디입니까?
这个号码的位子在哪儿?
쩌 거 하오마더 웨이즈 짜이 날

↪ 손님 좌석은 32F 번입니다.
您的座位是 32F 。
닌더 주어웨이 스 싼스얼 에프

<table>
<tr><td>이륙</td><td>치페이</td><td>起飞</td></tr>
</table>

비행기가 곧 이륙하겠습니다.
飞机马上就要起飞了。
페이지 마샹 찌우야오 치페이러

이 헤드폰은 어떻게 사용하는 겁니까?
这耳机怎么使用？
쩌 얼지 전머 스용

○ 이 쪽으로 당기십시오.
　往这儿拉。
　왕 쩔 라

한국 신문을 주십시오.
请给我韩国报纸。
칭 게이 워 한궈빠오즈

담요가 있습니까?
有毛毯吗？
요 마오탄 마

지금은 서울시간으로 몇 시입니까?
现在是汉城时间几点整？
시엔짜이 스 한청 스지엔 지 디엔정

곧 인천 공항에 도착하겠습니다.
一会儿就到仁川机场了。
이훨 찌우 따오 런촨지창 러

265

2. 입국

중국공항을 떠나 비행기를 타고 오면 하늘 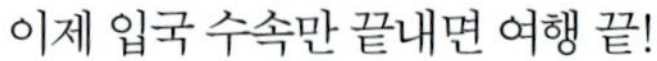
아래로 그리운 우리 나라 땅이 보인다.
이제 입국 수속만 끝내면 여행 끝!
도착하면 검역소를 지나, 입국심사대로 이동한다.
이때는 한국인(韓國人)이라고 씌어 있는 곳에 줄을 서야 빨리 끝낼
수 있다. 여권과 입국 신고서를 제출하고, 비행기에 맡긴 짐이 있으
면 수하물 수취대에서 찾고 세관 신고대를 지나 나가면 환영홀이 나
온다.
이제 부터는 각자의 집으로 힘차게 가자!

세관신고를 할 것이 없
는 사람은 녹색라인으로,
신고할것이 있는 사람은 적색라인을 따라
가면 된다.
여행자 휴대품 신고서는 신고할 것이 있는
사람만 작성하며, 없는 사람은 작성하지
않는다.

3 필수 한·중 단어

가격	价格	찌아거
가구	家具	찌아쮜
가까스로	勉强	미앤치양
가까스로	好不容易	하오뿌롱이
가까운	近	찐
가난하다	贫穷	핀총
가늘다	细	시
가다	去	취
가득하다	满	만
가라오케	卡拉OK	카라오케
가로	横	헝
가르치다	教	찌야오
가방	包	빠오
가볍다	轻	칭
가사	歌词	꺼츠
가수	歌手	꺼쇼우
가엾다	可怜	커리앤
가운데	中间	쫑지앤
가위	剪子	지앤즈
가을	秋天	치유티앤
가이드	导游	따오요우
가장	最	쮀이
가정	家庭	찌아팅
가정주부	家庭妇女	지아팅 푸뉘

가죽	皮	피
가죽구두	皮鞋	피시에
가지	茄子	치에즈
간단하다	简单	지앤딴
간부	干部	깐뿌
간식	点心	디앤씬
간장	酱油	지양요우
간절하다	诚恳	청컨
간호사	护士	후스
감격하다	激动	지똥
감기	感冒	깐마오
감동하다	感动	간똥
감자	土豆儿	투또얼
갑자기	突然	투란
갑자기	忽然	후란
값	价钱	지아치앤
강	河 / 江	허 / 지양
강대하다	强大	치양따
강도	强盗	치양따오
같은	好象	하오시양
개	狗	꼬우
개회	开会	카이 훼
객실	客房	커팡
거스름돈	找钱	짜오치앤
거울	镜子	징즈
거절하다	拒绝	쮜쮜에
거행하다	举行	쮜씽

한국어	中文	발음	한국어	中文	발음
걱정하다	担心	딴신	고의로	故意	꾸이
건배	干杯	깐뻬이	고추	辣椒	라쟈오
건설	建设	찌앤셔	고추장	辣椒酱	라쟈오쟝
건조	干燥	깐자오	곧	立刻	리커
건축물	建筑物	찌앤쭈우	곧	马上	마샹
걷다	走	조우	골절	骨折	꾸져
검사대	台子	타이즈	곰	熊	숑
검사하다	检查	지앤챠	공무원	公务员	꽁우위앤
검정색	黑色	헤이써	공예품	工艺品	꽁이핀
게으르다	懒	란	공원	公园	꽁위앤
겨울	冬天	똥티앤	공중전화	公用电话	꽁용 띠앤화
견학하다	参观	찬관	공항	机场	지챵
결정하다	决定	쥐에띵	과일	水果	쉐이구어
결항	停飞	팅 페이	관계	关系	꽌시
결혼하다	结婚	지에훈	관광버스	游览车	요우란처
겸손하다	客气	커치	관광지	游览区	요우란취
경유지	经停站	징팅짠	광천수	矿泉水	쾅취앤쉐이
경제	经济	징찌	교육	教育	찌야오위
경찰	警察	징챠	교통	交通	찌야오통
경찰서	公安局	꽁안쥐	구급차	救护车	찌우후처
경치	景色	징써	구름	云	윈
계란	鸡蛋	지딴	구명조끼	救生衣	찌우셩이
계산대	柜台	꿰이타이	국	汤	탕
계산서	帐单	짱딴	국민	国民	구어민
계산하다	算	쑤안	국수	面条	미앤티야오
계절	季节	찌지에	국제전화	国际电话	구어지 띠앤화
고객	顾客	꾸커	굵다	粗	추
고구마	白薯	바이슈	귀	耳	얼뚜어
고기	肉	로우	귀걸이	耳环	얼환
고모	姑姑	꾸구	귀빈	稀客	시커
고모부	姑父	꾸푸	귀중품	贵重物品	꿰이쭝 우핀
고양이	猫	마오	귤	橘子	쥐즈

그	他	타
그것	那 / 那个	나 / 나거
그곳	那儿 / 那里	나알 / 나리
그녀	她	기름타
그들	他们	타먼
그릇	碗	완
그림	画	화
그저께	前天	치앤티앤
극장	剧场	쥐창
근	斤	진
금	金	진
금년	今年	진니앤
금연석	禁烟席	진이앤시
금요일	星期五	싱치 우
기념	纪念	찌니앤
기다리다	等	덩
기록	记录	찌루
기름	油	요우
기쁘다	高兴	까오씽
기숙사	宿舍	쑤셔
기술	技术	찌슈
기온	气温	치원
기자	记者	찌저
기점	始发站	스파짠
기차	火车	후어쳐
기회	机会	지훼이
긴	长	챵
김치	泡菜	파오차이
깊다	深	션
깨끗하다	干净	깐징
꽃	花	화
끌다	拉	라

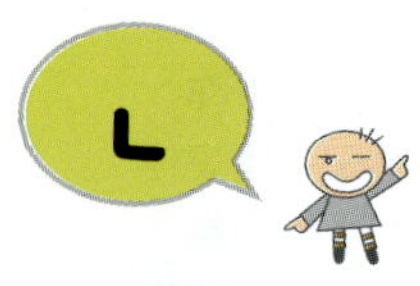

나	我	워
나가다	出去	츄취
나무	树	슈
나쁘다	坏	화이
나오다	出来	츄라이
나이	年纪	니앤지 티앤
날씨	天气	치
날씬하다	苗条	먀오탸오
날짜	日子	르즈
남동생	弟弟	띠디
남자	男人	난런
남쪽	南	난
남편	丈夫	짱푸
낮다	矮	아이
내과	内科	네이커
내년	明年	밍니앤
내일	明天	밍티앤
너	你	니
너희들	你们	니먼
넓다	宽	콴
넘어지다	跌倒	디에따오
넥타이	领带	링따이
노동	劳动	라오똥
노란색	黄色	황써
노래하다	唱歌	창꺼
노력하다	努力	누리
노루	鹿	루

노점	摊子	탄즈
녹색	绿色	뤼써
놀다	玩	완
농구	篮球	란치유
농부	农夫	농푸
높다	高	까오
누구	谁	쉐이
누나	姐姐	지에지에
눈	雪	쉬에
눈(얼굴)	眼睛	이앤징
눕다	躺	탕
느끼다	觉得	쥐에더
느낌	感觉	공觉
느리다	慢	만
늙다	老	라오

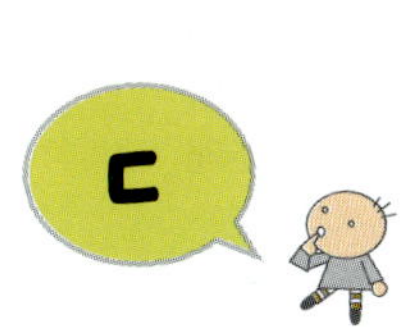

다리	桥	치야오
다리(몸)	脚	지야오
다시	再	짜이
다치다	受伤	쇼우상
단지	只	즈
단풍잎	红叶	홍이예
닫다	关 / 闭	꽌 / 삐
달	月亮	위에량
달다	甜	티앤
달러	美元	메이위앤

달리다	跑步	파오뿌
닭	鸡	찌
담배	烟	이앤
담배피다	抽烟	쵸우이앤
당신	您	닌
당연하다	当然	땅란
대개	大概	따까이
대단히	非常	페이챵
대답하다	回答	훼이다
대략	大约	따위에
대사관	大使馆	따스관
대통령	总统	종통
대학	大学	따쉬에
더러운	脏	장
더욱	更	껑
덥다	热	러
도둑	小偷	시야오토우
도서관	图书馆	투슈관
도시	城市	청스
도자기	陶瓷器	타오츠치
도착하다	到	따오
독서	读书	뚜슈
돈	钱	치앤
돈가방	钱包	치앤빠오
돌아오다	回来	훼이라이
돕다	帮助	빵쭈
동물	动物	똥우
동물원	动物园	똥우위앤
동의하다	同意	통이
동전	硬币	잉삐
동쪽	东	똥
돼지	猪	쥬

한국어	中文	발음		한국어	中文	발음
두껍다	厚	호우		마일(mile)	英里	잉리
두통	头疼	토우텅		마중하다	接	지에
뒤쪽	后面	호우미앤		마침내	终于	쭝위
듣다	听	팅		만(10,000)	万	완
들어오다	进	진		만나다	见 / 见面	찌앤/찌앤미앤
등기우편	挂号信	꽈하오씬		만년필	钢笔	깡삐
등록하다	登记	떵지		만두	饺子	지야오즈
등산	爬山	파산		만들다	制造	즈짜오
따뜻하다	暖和	누안후어		만족하다	满意	만이
딸	女儿	뉘얼		만족하다	满足	만주
딸기	草莓	차오메이		많다	多	뚜어
땅콩	花生	화성		말	马	마
떠나다	离开	리카이		말	话	화
또한	也	이예		말하다	说	슈어
뚱뚱하다	胖	팡		맛	味道	웨이따오
				맛보다	尝	챵
				맛있다	好吃	하오츠
				맞은쪽	对面	뛔이미앤
				매니저	经理	징리
				매우	很	헌
				매일	每天	메이티앤
				매표인	售票员	쇼우퍄오위앤
라디오	收音机	쇼우인지		맥박	脉搏	마이보
라면	方便面	팡비앤미앤		맥주	啤酒	피지유
~로부터	从	총		맵다	辣	라
리터	升	셩		머리	头	토우
립스틱	口红	코우홍		머리카락	头发	토우파
마늘	大蒜	따쑤안		머무르다	停留	팅리유
마당	院子	위앤즈		먹다	吃	츠
마르다	瘦	쇼우		멀다	远	위앤
마시다	喝	허		메뉴판	菜单	차이딴
마음대로	随便	수이비앤		며느리	媳妇	시푸

면	面条	미앤타오
면(옷감)	棉	미앤
모래	沙	샤
모레	后天	호우티앤
모르다	不知道	뿌 즈따오
모양	样子	양즈
모자	帽子	마오즈
모자라다	不够	부꼬우
목	嗓子	쌍즈
목	脖子	보어즈
목걸이	项链	시앙리앤
목요일	星期四	씽치 쓰
목욕하다	洗澡	시짜오
목적지	目的地	무띠띠
몸	身体	션티
못생긴	丑	쵸우
무겁다	重	쫑
무엇	什么	션머
무역회사	贸易公司	마오이 꽁쓰
문	门	먼
문장	文章	원짱
문제	问题	원티
묻다	问	원
물	水	쉐이
물건	东西	똥시
물고기	鱼	위
미국	美国	메이구어
미술	美术	메이슈
미술관	美术馆	메이슈관
미안하다	对不起	뛔이부치
미용실	美容院	메이롱위앤
미워하다	恨	헌

미터	米(公尺)	미(꽁츠)
믿다	相信	시양씬

바(bar)	酒吧	지유바
바구니	篮子	란즈
바꾸다	换	환
바나나	香蕉	샹지야오
바늘	针	쩐
바다	海	하이
바람	风	펑
바람불다	刮风	꽈펑
바로	马上	마샹
바쁘다	忙	망
바지	裤子	쿠즈
박물관	博物馆	보우관
박수치다	鼓掌	꾸쟝
밖	外	와이
반(절반)	半	빤
반(학급)	班	빤
반드시	一定	이띵
받아두다	收	쇼우
발생하다	发生	파성
발음	发音	파인
밝다	明亮	밍량
밥	饭	판
방	房间	팡지앤

방금	刚才	깡차이	복습하다	复习	푸시
방문하다	拜访	바이팡	복장	服装	푸쥬앙
방학하다	放假	팡지아	볶다	炒	챠오
배(과일)	梨子	리즈	볼링	保龄球	빠오링치유
배(몸)	肚子	뚜즈	봄	春天	츈티앤
배(선박)	船	촨	부근	附近	푸진
배고프다	饿	어	부르다	叫	찌야오
배구	排球	파이치유	부부	夫妇	푸푸
배드민턴	羽毛球	위마오치유	부엌	厨房	츄팡
배부르다	饱	빠오	부유하다	富裕	푸위
배우	演员	이앤위앤	부인	夫人	푸런
배우다	学	쉬에	부지런하다	勤	친
백(100)	百	바이	부채	扇子	샨즈
백화점	百货大楼	바이후어 따로우	부치다(편지)	寄	찌
버스	公共汽车	꽁공 치처	북쪽	北	베이
버스정류장	公共汽车站	꽁공 치처 짠	분명하다	明白	밍바이
버터	黄油	황요우	분실	遗失	이스
번거롭다	麻烦	마판	분위기	气氛	치펀
번화	繁华	판화	불편하다	不舒服	슈푸
벌써	已经	이징	비	雨	위
법	法	파	비교적	比较	비지야오
벗다	脱	투어	비누	肥皂	페이짜오
변호사	律师	뤼스	비단	丝绸	쓰챠우
변화	变化	삐앤화	비로소	才	차이
병원	医院	이위앤	비록	虽然	쑤이란
보관	保管	빠오관	비상계단	太平梯	타이핑티
보너스	奖金	지앙진	비상문	太平门	타이핑먼
보다	看	칸	비서	秘书	미슈
보리	麦	마이	비슷하다	差不多	차부뚜어
보석	珠宝	쥬빠오	비싼	贵	꿰이
보통우편	平信	핑씬	비용	费用	페이용
복숭아	桃子	타오즈	비자	签证	치앤쩡

비행기	飞机	페이지
빌딩	大楼/大厦	따로우/따샤
빌리다	借	지에
빛	光	꽝
빠른	快	콰이
빨강색	红色	홍써
빨리	赶快	간콰이
빵	面包	미앤빠오

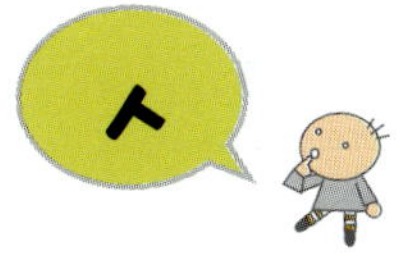

사거리	十字路口	스쯔루코우
사과	苹果	핑구어
사다	买	마이
사랑하다	爱	아이
사무실	办公室	빤꽁스
사실	事实	스스
사업	事业	스이예
사용하다	使用	스용
사위	女婿	뉘쉬
사이다	汽水	치쉐이
사자	狮子	스즈
사전	词典	츠디앤
사진	照片	자오피앤
사촌	堂兄弟	탕숑띠
사회	社会	셔후이
산	山	샨
살다	住	쭈

삶다	煮	쥬
상인	商人	샹런
상점	商店	샹띠앤
새롭다	新	씬
새우	虾	시아
색깔	颜色	이앤써
샌드위치	三明治	싼밍즈
생각하다	想	시양
생산하다	生产	셩찬
생일	生日	셩르
생활	生活	셩후어
서비스	服务	푸우
서비스요금	服务费	푸우페이
서울	汉城	한청
서점	书店	슈띠앤
서쪽	西	시
선물	礼物	리우
선생	先生	시앤
선생님	老师	라오스
선택하다	选择	쉬앤저
설명하다	说明	슈어밍
설탕	白糖	바이탕
성격	性格	씽꺼
성공하다	成功	청꽁
성의	诚意	청이
성장하다	成长	청짱
세계	世界	스찌에
센티미터	公分 / 厘米	꽁펀 / 리미
소	牛	니유
소개하다	介绍	찌에샤오
소금	盐	이앤
소설	小说	시야오슈어

소시지	香肠	시양창
소식	消息	시야오시
소포	包裹	빠오구어
손가락	手指	쇼우즈
손가방	手提包	쇼우티빠오
손녀	孙女	쑨뉘
손님	客人	커런
손자	孙子	쑨즈
수고하다	辛苦	씬쿠
수박	西瓜	시과
수영	游泳	요우용
수요일	星期三	씽치 싼
숙소	宿舍	쑤셔
숙제	作业	쭈어이예
숟가락	勺子	샤오즈
술	酒	지유
쉬다	休息	시우시
쉬운	容易	롱이
슈퍼마켓	超级市场	챠오지스창
스카프	围巾	웨이진
스케이트	滑冰	화삥
스키	滑雪	화쉬에
스튜어디스	空中小姐	콩중 샤오지에
승객	乘客	청커
시	诗	스
시간	时间	스지앤
시원하다	凉快	량콰이
시장	市场	스창
시합	比赛	비싸이
시험	考试	카오스
식당	餐厅	찬팅
식물원	植物园	즈우위앤

식초	醋	추
신고	申报	션빠오
신문	报纸	빠오즈
신발	鞋	시에
신용카드	信用卡	신용카
신청	申请	션칭
신호등	红绿灯	홍뤼떵
싸다	便宜	피앤이
쌀밥	米饭	미판
쓰다	写	시에
쓰다(모자)	戴	따이
쓰다(맛)	苦	쿠
씻다	洗	시

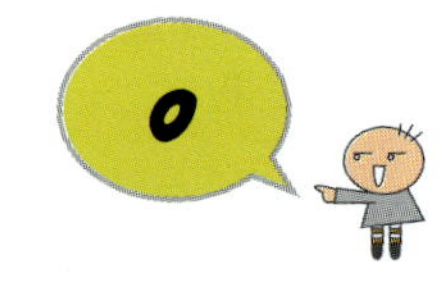

아가씨	小姐	시야오지에
아내	妻子/太太	치즈/타이타이
아들	儿子	얼즈
아래쪽	下面	시아미앤
아름다운	美丽	메이리
아버지	父亲	푸친
아쉽다	可惜	커시
아이	孩子	하이즈
아직	还	하이
아침	早上	자오샹
아침밥	早饭	자오판
아프다	疼	텅

악수하다	握手	워쇼우	여동생	妹妹	메이메이
안	内	네이	여름	夏天	시아티앤
안심하다	放心	팡씬	역사	历史	리스
안쪽	里边	리비앤	연구하다	研究	이앤지유
앉다	坐	쭈어	연습	练习	리앤시
알다	认识	런스	열쇠	钥匙	야오스
알다	知道	즈따오	열이나다	发烧	파샤오
알려주다	告诉	까오쑤	영어	英语	잉위
앞쪽	前面	치앤미앤	영화	电影	띠앤잉
애인	对象	뚜이시양	옆	旁边	팡비앤
야구	棒球	빵치우	예습하다	预习	위시
야채	蔬菜	슈차이	예약하다	预订	위띵
약국	药店	야오띠앤	예의	礼仪 / 礼貌	리이 / 리마오
약속하다	约定	위에띵	예절	礼节	리지에
양	羊	양	오늘	今天	진티앤
양복	西服	시푸	오다	来	라이
양식	西餐	시찬	오래되다	旧	지우
양파	洋葱	양총	오랫동안	久	지우
얕다	浅	치앤	오르다	上	샹
어떻게	怎么	쩐머	오른쪽	右边	요우비앤
어렵다	难	난	오빠	哥哥	꺼꺼
어머니	妈妈	마마	오전	上午	샹우
어머니	母亲	무친	오후	下午	시아우
어제	昨天	쭈어티앤	온도	温度	원뚜
언니	姐姐	지에지에	옷	衣服	이푸
얼굴	脸	리앤	와이셔츠	衬衫	쳔샨
얼마	多少	뚜어샤오	완구점	玩具店	완쮜
얼음	冰	삥	외과	外科	와이커
없다	没有	메이요우	외국어	外国语	와이구어위
없다	不在	부짜이	외국인	外国人	와이구어런
여권	护照	후짜오	왼쪽	左边	주어비앤
여기	这儿 / 这里	쩌얼 / 쩌리	욕실	浴室	위스

용서하다	原谅	위앤량	인민폐	人民币	런민삐
우리	我们	워먼	일	工作	꽁쭈어
우산	雨伞	위싼	일본	日本	르번
우선	首先	쇼우시앤	일어나다	起	치
우유	牛奶	니유나이	일요일	星期天(日)	씽치티앤(르)
우정	友谊	요우이	잃어버리다	丢	띠우
운동하다	运动	윈똥	입	嘴	쭈이
운전기사	司机	쓰지	입다	穿	츄안
울다	哭	쿠	입장권	门票	먼퍄오
웃다	笑	시야오	있다	在	짜이
원숭이	猴子	호우즈	있다	有	요우
월요일	星期一	씽치이	잊다	忘	왕
위쪽	上面	샹미앤			
유리	玻璃	뽀리			
유명하다	有名	요우밍			
은	银	인			
은행	银行	인항			
음식	菜	차이			
음악	音乐	인위에			
의사	大夫	따이푸	자기	自己	쯔지
의사	医生	이셩	자다	睡觉	쉐이지야오
의자	椅子	이즈	자동차	汽车	치처
이것	这 / 这个	쩌 / 쩌거	자전거	自行车	쯔씽처
이륙하다	起飞	치페이	작가	作家	쭈어지아
이름	名字	밍즈	작년	去年	취니앤
이모	姨母	이무	작다	小	시야오
이모부	姨父	이푸	잔돈	零钱	링치앤
이상하다	奇怪	치꽈이	잡지	杂志	짜즈
이유	理由	리요우	장사	买卖	마이마이
이해하다	憧	동	장사	生意	셩이
이해하다	了解	랴오지에	재떨이	烟灰缸	이앤훼이깡
인도	人行道	런씽따오	재미있다	有意思	요우이쓰

잼	果酱	구어쟝	주인	主人	주런
쟁반	盘子	판즈	주장하다	主张	주쨩
저것	那	나	죽다	死	쓰
저기	那儿 / 那里	나알 / 나리	준비하다	准备	쥰뻬이
저녁	晚上	완샹	중간	中间	쭁지앤
저녁밥	晚饭	완판	중국	中国	쭁구어
적다	少	샤오	중국어	汉语	한위
적합하다	合适	허스	중국요리	中餐	쭁찬
전부	一共	이꽁	중요하다	重要	쭁야오
전자제품	电子品	띠앤즈핀	즐겁다	快乐	콰이러
전화	电话	띠앤화	지각하다	迟到	츠따오
전화번호	电话号码	띠앤화 하오마	지구	地球	띠치유
젊다	年轻	니앤칭	지나다	过去	꾸어취
점심	中午	쭁우	지나다	经过	징꾸어
점심밥	午饭	우판	지도	地图	띠투
접시	碟子	디에즈	지불하다	付款	푸
젓가락	筷子	콰이즈	지폐	钞票	챠오퍄오
정각	准时	쥰스	지하철	地铁	띠티에
제일	第一	띠 이	직업	职业	즈이예
조금	一点	이 디앤	직원	职员	즈위앤
조심하다	小心	시야오신	진주	珍珠	쩐주
졸업하다	毕业	삐이예	진지하다	认真	런쩐
좁다	窄	쟈이	진하다	浓	농
종업원	服务员	푸우위앤	진흙	泥	니
종이	纸	즈	진짜	真的	쩐더
좋아하다	喜欢	시환	짐	行李	씽리
좋다	好	하오	집	家	지아
주량	酒量	지유량	집	房子	팡즈
주문하다	点菜	디앤 차이	짜다	咸	시앤
주사	注射	주서	짧다	短	뚜안
주요하다	主要	주야오	~쪽으로	往	왕
주의하다	注意	주이	찌다	蒸	쩡

차	茶	챠
차	车	처
차멀미	晕车	윈쳐
차비	车费	처페이
착륙하다	降落	찌양루어
참가하다	参加	찬지아
참새	麻雀	마취에
창가	靠窗口	카오 츄앙코우
찾다	找	쟈오
책	书	슈
처리하다	办	빤
처음	初次	츄츠
천(1,000)	千	치앤
첨가하다	添	티앤
체온	体温	티원
초청하다	邀请	야오칭
촬영하다	摄影	셔잉
축구	足球	주치유
축하하다	恭喜	꽁시
축하하다	祝贺	쭈허
출구	出口	츄코우
출근하다	上班	샹빤
출발하다	出发	츄파
춤추다	跳舞	타오우
춥다	冷	렁
충분하다	够	꼬우
취미	爱好	아이하오
취소하다	取消	취시야오

취하다	醉	쮀이
측정하다	量	량
치과	牙科	야커
치마	裙子	췬즈
치약	牙膏	야까오
치통	牙疼	야텅
친구	朋友	펑요우
친절하다	热情	러칭
친척	亲戚	친지
침대	床	츄앙
칫솔	牙刷	야슈아

카메라	照相机	짜오시양지
칼	刀子	따오즈
커피	咖啡	카페이
커피숍	咖啡厅	카페이팅
컴퓨터	电脑	띠앤나오
컵	杯子	뻬이즈
케이크	蛋糕	딴까오
코	鼻子	비즈
코끼리	象	시양
콜라	可乐	커러
콩	豆	또우
크다	大	따
키	个子	꺼즈
킬로그램	公斤	꽁진

킬로미터	公里	꽁리
타다(말)	骑	치
타다(차)	坐	쭈어
탁구	乒乓球	핑팡치유
탁자	桌子	쥬어즈
탑	塔	타
태양	太阳	타이양
택시	出租汽车	츄주치처
테니스	网球	왕치유
텔레비전	电视	띠앤스
토요일	星期六	씽치리유
퇴근하다	下班	시아빤
튀기다	炸	자
특별하다	特别	터비에
특산품	特产品	터챤핀
팁	小费	시야오페이
파랑색	蓝色	란써
파티	宴会/聚会	이엔후이/쮜후이
팔다	卖	마이
패스트푸드	快餐	콰이챤
편리하다	方便	팡비앤
편안하다	舒服	슈푸
편지	信	신
포도	葡萄	푸타오
포도주	葡萄酒	푸타오지유
포장하다	包装	빠오쥬앙
포크	叉子	챠즈
표	票	퍄오
표시하다	表示	뱌오스
표현하다	表现	뱌오시앤
풍경	风景	펑징
필름	胶卷	지야오쥐앤

필요없다	不要	뿌야오
필요하다	须要	쉬야오
필통	铅笔盒	치앤삐허

하늘	天 / 天空	티앤/티앤콩
하다	做 / 干	쭈어/깐
하루종일	整天	쩡티앤
학교	学校	쉬에시야오
학급	班	빤
학생	学生	쉬에셩
한가하다	闲	시앤
한국	韩国	한구어
한국사람	韩国人	한구어런
한국어	韩国语	한구어위
한자	汉字	한쯔
할 수 있다	能	넝
할 수 있다	会	후이
함께	一起	이치
항상	经常	징창
항상	常常	창창
해산물	海鲜	하이시앤
행동하다	行动	씽똥
행복	幸福	씽푸
행인	行人	씽런
향기롭다	香	시양
향수	香水	시양쉐이

허리	腰	야오
헤어지다	散	싼
현상하다	冲洗	총시
현재	现在	시앤짜이
혈압	血压	쉬에야
혈액형	血型	쉬에씽
형	哥哥	꺼거
호랑이	老虎	라오후
호박	南瓜	난꽈
호수	湖	후
호텔	饭店	판띠앤
혼자	自己	쯔지
홍차	红茶	홍챠
화가	画家	화지아
화상	火伤	후어샹
화요일	星期二	씽치얼
화장실	洗手间	시쇼우지앤
화장품	化妆品	화좡핀
확인	确认	취에런
환전	换钱	환치앤
회사	公司	꽁쓰
회의	会议	후이이
후추	胡椒	후지야오
후회	后悔	호우후이
훔치다	偷	토우
휴식	休息	시우시
휴지	卫生纸	웨이셩즈
흐린	阴	인
흑백	黑白	헤이바이
흡연석	吸烟席	시이앤시
흰색	白色	바이써

저자약력
이 승 우(李承雨)
성신여자대학교 중문과 수료
북경어언문화대학 연수
북경대 법학과 졸업
現 : 이얼싼 중국 문화원
저서 :「지금베이징에서 사용하는 진짜 중국어」
　　　「여행중국어-여행자여러분! 실제상황입니다」 외

여행자여러분! 실제상황입니다

발행일/2002년 2월 10일
저자/이승우
발행인/인찬호
발행처/(주)동인랑

우편번호 130-050
서울시 동대문구 회기동 60-110
대표전화 02-9670-700
팩시밀리 02-9671-555
등록 제 6-0406호

출력/(주)그린테크
디자인/김진아
편집/송명진
일본판매/삼중당(東京)
미국판매/샘터문고(LA)

인터넷의 세계로 오세요.
http://www.donginrang.co.kr
E-mail:webmaster@donginrang.co.kr

(주)동인랑에서는 참신한 외국어 원고를 모집합니다.

동인랑

동인랑

동인랑

동인랑

동인랑

동인랑

동인랑

동인랑

동인랑

동인랑

동인랑

동인랑